Louis Schützenhöfer

PsychoGolf.

PsychoGolf.

Erfolg mit dem Schwung des Unbewussten

Louis Schützenhöfer

Leykam

Grafiken: Barbara Philipp
Fotos: Peter Melbinger
Autorenfoto: Peter Manninger
Einbandgestaltung: Peter Eberl, www.hai.cc
Gesamtherstellung: Leykam Buchverlag
ISBN 3-7011-7568-3 (978-37011-7568-0)
www.leykamverlag.at

Inhaltsverzeichnis

Vorwort

Üblicherweise werden Golfbücher von erfolgreichen Coaches oder legendären Spielern geschrieben. Was legitimiert einen schlichten Psychologen und Hobbygolfer, die Feder zu diesem Thema zu ergreifen? Mein Zugang ist nicht, oder zumindest nur zu einem kleinen Teil, die Selbsterfahrung. Meine Kompetenz liegt darin, die neuesten wissenschaftlichen Fakten gesammelt und zu einer Theorie verdichtet zu haben, die in der Praxis auch umsetzbar ist. Dabei ist ein Buch herausgekommen, das nicht nur für Golfer interessant ist. Die psychologischen Prinzipien, die im Golf zum Erfolg führen, lassen sich auch auf andere Sportarten, auf Alltagsprobleme und Managementaufgaben anwenden.

Zum Zustandekommen des Projektes "PsychoGolf" haben viele Menschen beigetragen, denen ich an dieser Stelle danken möchte. Für den wirtschaftlichen Start benötigte ich helfende Engel, die in der Gestalt von Frau DDr. Regina Prehofer (BA-CA), Luis Farmer (Golf- und Naturhotel Enzianhof) und Zacharias „Szaki" Krameritsch (Fa. Weichberger) auch prompt „eingeflogen" sind. Fachlich haben mich die Universitätsprofessoren Ingo Peyker und Günter Schulter sowie Headpro Gilbert Litschka unterstützt.
Schließlich danke ich den vielen Golffreunden, die mir in langen Diskussionen, meist ohne es zu ahnen, wertvolle Hinweise für das Buch gaben. Denn Golfer (und selbstverständlich auch Golferinnen, die immer mit gemeint sind) reden gerne über ihren schönen Sport. Ich hoffe für mich und mein Buch, dass sie auch gerne lesen.

Graz, im Juli 2006

Louis Schützenhöfer
louis.schuetzenhoefer@nusurf.at

Einleitung

Es geht um den „ganz normalen" Golfschlag

Keine Frage, Golf ist unglaublich schwer zu erlernen, verglichen etwa mit Schilaufen oder Tennis. Der Golfschwung gilt nicht von ungefähr als eine der schwierigsten Bewegungen im Sport. Man braucht dafür eine Menge Talent und sehr viel Trainingseifer. Aber das ist nur die eine Seite des Problems. Die andere besteht darin, das, was wir beherrschen, abrufen zu können. Auch dann, wenn wir unter Druck stehen. Von dieser Seite des Golfspiels handelt dieses Buch.

Was hindert uns (entschuldigen Sie, dass ich Sie ungefragt mit einschließe) daran, den Schwung, den wir schon Tausende Male ausgeführt haben, der längst automatisiert ist, der auf der >*Driving Range*[1] bestens funktioniert, in der Situation, in der es darauf ankommt, auch tatsächlich zeigen zu können? Zum Beispiel in einem Turnier, in dem wir gut unterwegs sind und Chancen haben zu gewinnen. Oder wenn wir drauf und dran sind, das >*Handicap* zu verbessern oder zum ersten Mal eine Runde unter 80 Schlägen zu spielen. Nur noch die letzte >*Spielbahn* gut zu Ende bringen. Der >*Abschlag* landet auf dem >*Fairway*, nun ein >*Eisen* 5 auf das >*Grün*. Wenn das verdammte Wasser dazwischen nicht wäre.

Ein Geheimnis des Erfolges im Golf besteht darin, das Besondere wie etwas Gewohntes auszuführen.

Es geht nicht darum, etwas Besonderes auszuführen. Es geht auch nicht darum, einen Schlag, der uns bisher kaum jemals gelungen ist, jetzt, unter schwierigen mentalen Bedingungen, hervor zaubern zu können. Nein. Das „Kunststück" besteht darin, den ganz normalen Schlag auch unter Druck abrufen zu können.

Wer sich also technische Tipps oder Handlungsanweisungen zum „wahren" Golfschwung erwartet, wird enttäuscht werden. Wer aber die Lücke zwischen seinem Standard auf der Driving Range und dem in einem Turnier schließen will, wer

---

1 Ich hoffe, dass auch Nicht-Golfer dieses Buch lesen. Damit es aber für sie keines mit sieben Siegeln ist, erkläre ich die Fachausdrücke, die mit einem „>" versehen sind, im Glossar.

Das Besondere im Alltäglichen

In sehr vielen Lebenssituationen ist es eine Tugend oder geradezu eine Kunst, das Gewöhnliche, Normale, Alltägliche als etwas Besonderes auszuführen oder zu erleben. Der Tag, der mit dem Seufzer: „Und täglich grüßt das Murmeltier" beginnt, wird meist kein guter. Wer es hingegen schafft, dem neuen Tag die Chance zu geben, wirklich neu zu sein, verschafft sich einen besseren Start. Das „ganz normale" Abendessen als etwas Besonderes genießen, ist eine Steigerung der Lebensqualität. Die alltägliche Heimkehr von der Arbeit wie eine neue Begegnung erleben, ist eine Bereicherung der Partnerschaft. Ein gewöhnliches Glas Wasser einmal mit Achtsamkeit trinken, macht es zum Geschmackserlebnis. Jeder Tag ist vollgefüllt mit gewöhnlichen Ereignissen, weil wir sie wie gewohnt abhandeln. In allen diesen Dingen steckt die Chance, sie als etwas Besonderes wahrzunehmen.
Beim Abrufen einer gut gelernten Bewegung aus dem Unbewussten ist es aber anders: In diesem Fall soll das Besondere zum Gewohnten heruntergespielt werden, damit das Bewusstsein nicht auf die Idee kommt, sich einzumischen. Aber davon später mehr.

den Unterschied in der Performance bei bedeutungslosen Schlägen und bei solchen, bei denen es darauf ankommt (im Tennis würde man von „big points" sprechen) verringern will, der liegt mit diesem Buch richtig. Wenn Sie zu den Trainingsfaulen zählen, die keine Lust haben, sich am Übungsgrün oder auf der Driving Range zu quälen, wird Ihnen auch dieses Buch nicht helfen, auf der Runde zu brillieren. Und wenn Sie zu den Glücklichen gehören, die kein Problem damit haben, auch unter Druck ihr bestes Golf abzurufen, dann können Sie sich die Lektüre ebenfalls sparen. Alle anderen aber lade ich ein, einen neuen Aspekt dieses schönen Spiels zu entdecken und möglicherweise eine neue Seite an sich selbst.

Mehr vom Falschen

Der viel zitierte Ausspruch: „Golf spielt sich zu 90 Prozent im Kopf ab, der Rest ist mental" ist zwar witzig gemeint, aber was tun wir, wenn wir eine entsetzliche Runde gespielt und unsere Möglichkeiten nicht ausgeschöpft haben?

Variante 1: Zurück auf die Driving Range und Bälle schlagen. Training ist fast immer gut, in diesem Fall aber nicht zielführend. Das Problem ist nicht technischer Natur, es schaut nur so aus, denn auch eine mangelhafte mentale Einstellung äußert sich in einem Schwungfehler. Wenn der Schwung auf der Driving Range funktioniert, auf dem Platz und unter belastenden Bedingungen jedoch nicht, kann der Mangel nicht mit Schlagtraining auf der Driving Range behoben werden. Aber offensichtlich fällt es vielen leichter, sich zu sagen: „Ich habe einen technischen Fehler", als sich einzugestehen: „Ich habe ein mentales Problem."

Auch eine mangelhafte mentale Einstellung äußert sich in einem Schwungfehler.

Variante 2: Mehr Bemühen. Mehr Techniktraining nützt im Falle eines mentalen Problems zwar nicht wirklich, schadet aber auch nicht. Mehr Bemühen ist hingegen direkt kontraproduktiv. Es bedeutet noch mehr Druck, noch mehr Anspannung, noch mehr bewusste Kontrolle. Und das heißt: noch mehr vom Falschen. Denn vermutlich haben genau diese Faktoren die enttäuschende Runde beschert. Techniktraining ist überaus wichtig, aber mentale Ursachen für mangelnde Performance müssen mit spezifischen mentalen Methoden angepackt werden. Und diese müssen auch, wie der Golfschwung, geübt werden.

Nicht nur für Golfer

Je mehr man sich aber mit der mentalen Seite des Golfspiels beschäftigt, desto klarer wird, dass sich die Erkenntnisse, die man dabei gewinnt, nicht auf diese Sportart beschränken. Sie gelten für alle Disziplinen, bei denen schwierige Bewegungen unter Druck ausgeführt werden müssen. Und letztlich gelten sie für viele Bereiche des Berufs- und Alltagslebens, denn auch dort wollen wir unter schwierigen Bedingungen unsere Möglichkeiten ausschöpfen, sei es, dass wir vor einer Prüfung stehen, ein Vorstellungsgespräch zu absolvieren haben oder einen öffentlichen Auftritt gut über die

Bühne bringen wollen. Gute Vorbereitung ist die eine Seite. Dann kommt aber noch dieses andere hinzu, die Fähigkeit, den Kopf zwar voll aber dennoch frei zu haben, gespannt, aber dennoch locker zu sein.
Das Zusammenspiel von Bewusstsein und Unbewusstem, mit dem sich ein wesentlicher Teil dieses Buches beschäftigt, lässt sich nicht nur im Golf, sondern auch in vielen anderen Situationen anwenden. Besonders auffällige Parallelen bestehen zum Führungsverhalten im Management.
Ich erfinde in diesem Buch nichts Neues, ich habe lediglich die neuesten Erkenntnisse der Hirnforschung sowie Untersuchungsergebnisse zum unbewussten Lernen und zur Performance unter Druck zusammengefasst. Und wundern Sie sich nicht, dass wir dabei auch den Boden uralten Wissens des Zen-Buddhismus und der Meditation betreten.
Ich bin sicher, dass Sie mit diesem Buch Ihr Golfspiel verbessern. Es wäre aber schade, wenn es dabei bliebe. Viel wichtiger erscheint mir, dass Sie damit das Spiel und vielleicht auch sich selbst anders erleben können.

Welcher Druck?

Der selbstgemachte Druck

Worin besteht eigentlich der Druck, den man beim Golfspiel erlebt? Ja, bei den Profis ist der Druck gewaltig, denn es geht um einen enormen Einsatz. Ein verzogener Abschlag, ein verschobener Putt kann schon eine Differenz im Preisgeld von mehreren Hunderttausend Euro oder Dollar bedeuten. Oder denken Sie an die >*Tourschool*, in der durchwegs brillante Golfer um die wenigen Tickets raufen. Dort kann ein Fehlschlag das Ende der Träume von der Profikarriere und den Absturz in die Bedeutungslosigkeit bewirken. Jahrzehntelanges Training kann buchstäblich mit einem Schlag zunichte gemacht werden. In kaum einem Sport fließt so viel Geld und ist es gleichzeitig so schwer, an den Pott zu kommen.

Aber welchen Druck haben Sie und ich? Was riskieren wir schon? Möglicherweise einen vergebenen Turniersieg, der uns ein Dutzend Bälle, einen neuen Putter oder etwas anderes Nützliches eingebracht hätte, das wir uns gut und gern auch selbst hätten leisten können. Oder wir riskieren, mit einem fürchterlichen Score auf der Ergebnisliste aufzuscheinen und bedauernde oder hämische Kommentare einstecken zu müssen. Wahnsinn! Das soll Druck sein? Es stehen keine großen Geldsummen auf dem Spiel. Auch wenn Sie den >*Putt* vorbeischieben oder den Abschlag verziehen, behalten Sie Ihren Job, Ihre Frau (Ihr Mann) verlässt Sie nicht, die Kinder schauen weiterhin zu Ihnen auf (sofern sie es auch vorher schon getan haben), Ihre Freundinnen und Freunde lassen Sie nicht im Stich, die Bank stellt Ihren Kredit nicht fällig. Um was also geht es? Es geht um alles. Es geht um das Ego. Und das versteht keinen Spaß.

Es geht um das Ego.

Jeder von uns bestimmt den Wert, die Bedeutung des Spiels selbst. Den Druck, den wir spüren, machen wir selbst. Es ist der Druck, vor uns selbst bestehen zu können, uns selbst etwas beweisen zu wollen. Es ist die Angst, unseren eigenen Ansprüchen nicht zu genügen, unserem Bild von uns selbst nicht zu entsprechen. Wir spüren diesen Druck in manchen Situationen mehr, in anderen weniger: dieses unangenehme

Den Druck machen wir uns selbst.

Gefühl im Bauch, das Schwitzen in den Händen, die Verkrampfung im Schulterbereich, den trockenen Mund oder was es sonst noch an netten Symptomen gibt.

Geld oder Ego?

Die Erfolgreichsten unter den Profi-Golfern, ein Tiger Woods, Vijay Singh, Ernie Els und wie sie alle heißen oder in Zukunft heißen mögen, spielen nicht mehr um Geld und sie gleichen damit, zumindest was die Motivation anlangt, den Amateuren. Was für sie zählt, sind >*Major-Titel*, Positionen in den Besten-Listen und Rekorde für die Ewigkeit. *„Bei Major-Turnieren"*, so der große Golfer Nick Faldo, *„schaut man nicht aufs Geld. Man will nur seinen Namen eingraviert haben."* Es geht also schlicht um Lorbeer für das Ego. Eine echte Zwei-Klassen-Gesellschaft: Die einen kämpfen ums sportliche Überleben, die anderen um die Ego-Bestätigung. Wie im „wirklichen" Leben.

Der subjektiv erlebte Druck im Golfspiel ist nicht immer gleich. Man könnte unterschiedliche „Druck-Indizes", etwa auf einer Skala von eins bis zehn, verteilen. Das gilt zunächst für eine ganze Runde: Es ist ein gewaltiger Unterschied, ob Sie allein oder mit Ihnen unbekannten >*Flight*-Partnern (denen Sie nichts beweisen müssen und die nur kurzzeitige Zeugen einer schlechten Performance wären) oder mit Freunden spielen, mit denen Sie sich häufig messen, ob es in dem Spiel um die Getränke geht oder Sie sich in einer ausgewachsenen Zockerpartie befinden, wenn Sie an einem Handicap-Turnier oder an den Clubmeisterschaften teilnehmen usw. Aber auch innerhalb der Runde gibt es Spielsituationen mit gänzlich unterschiedlichen „Druckverhältnissen": den Abschlag am ersten >*Tee* mit einer Menge Publikum, die Führung auf der letzten Spielbahn mit einem Schlag Vorsprung (wie locker spielt es sich hingegen, wenn man bereits drei Schläge zurück liegt), den Putt aus einem Meter, der fallen „muss" (zum Unterschied von einem Putt aus vier Metern, der fallen „kann"). Welche Situationen Stress verursachen, ist ganz individuell. Manchen Golfer belasten z. B. eher

Szenarien, in denen die Gefahr des Blamierens vor anderen besteht, manchen sind die Umstehenden völlig gleichgültig, sie haben eher Angst, vor sich und den eigenen Ansprüchen nicht bestehen zu können. Alle diese unterschiedlichen Gründe, in einer Situation psychischen Druck zu erleben, lassen sich aus meiner Sicht auf zwei Phänomene zurückführen: auf Erwartungsdruck und Versagensangst.

Erfolgsmotivierte und Misserfolgsmeider

Hoher Erwartungsdruck und Angst vor dem Versagen sind zwei Seiten einer Medaille. Sie entsprechen zwei Typen von Sportlern, die völlig unterschiedlich an Aufgaben (nicht nur im Sport) herangehen. Es gibt den Erfolgsmotivierten und den sog. Misserfolgsmeider.

Der Erfolgsmotivierte sucht die Herausforderung. Der Erfolg baut ihn auf, stärkt sein Ich und führt dazu, den Selbstanspruch noch weiter zu steigern. Er liebt Aufgaben, die eine Erfolgswahrscheinlichkeit von 50 Prozent haben. Als Gegner hat er gern jemand, der etwa gleich stark ist, wie er selbst. Er liebt im Golf den Putt, der so weit vom >*Loch* entfernt ist, dass eine Fifty-fifty-Chance besteht, ihn zu versenken. Sowohl Sicherheitsdenken als auch totales Risiko sind ihm fremd.

Erfolgsmotivierte bevorzugen eine Fifty-fifty-Chance.

Der Misserfolgsmeider ist hingegen ein eher ängstlicher Typ. Sein Handeln ist darauf ausgerichtet, sein Ich vor Misserfolg, vor der Blamage, zu schützen. Er scheut die Konfrontation mit gleich starken Gegnern. Er liebt Situationen, in denen die Erfolgswahrscheinlichkeit sehr hoch ist. Dann ist zwar das zu gewinnende Erfolgserlebnis nur gering, dafür aber relativ sicher. Oder er strebt Situationen mit geringer Erfolgswahrscheinlichkeit an. Dann geht der Versuch zwar vermutlich daneben, aber es ist keine Blamage und das Ich bleibt unbeschädigt. Der Misserfolgsmeider hat daher am liebsten den kurzen Putt, der zwar kein Erfolgserlebnis vermittelt, aber sicher gelingt, oder den langen Putt, der zwar wahrscheinlich nicht fällt, aber dessen Nichtgelingen das Ich nicht ankratzt. Er strebt also Sicherheit oder hohes Risiko an.

Misserfolgsmeider suchen geringes oder hohes Risiko.

Wir alle haben beide Antriebe, das Hoffen auf Erfolg und die Angst vor Misserfolg in uns, wenngleich in unterschiedlicher

Ausprägung. (Laut Untersuchungen neigen Frauen stärker zum Misserfolgsmeidungsmotiv. Das könnte allerdings auch daran liegen, dass Frauen eher bereit sind, Ängste zuzugeben.) Die beiden Motive wirken auch bei ein und derselben Person in unterschiedlichen Situationen verschieden stark. Es kann sogar passieren, dass ein Erfolgsmotivierter im Lauf einer Golfrunde zum Misserfolgsmeider wird, wenn er z. B. versucht, ein gutes Ergebnis „nach Hause" zu spielen. Beide Motive haben gemeinsam, im Dienste des Ichs tätig zu sein: Das eine strebt danach, durch Erfolge das Ich zu stärken, das andere trachtet, eine Schwächung des Ichs durch Misserfolg zu verhindern.

Beide Motive stehen im Dienste des Ichs.

Misserfolgsmeider haben häufig zwei verschiedene Anspruchsniveaus, ein öffentliches und ein privates. Das öffentliche versuchen sie niedrig zu halten, niedriger jedenfalls als das private. Die Strategien, die im Golf dafür angewandt werden, sind Ihnen sicherlich nicht unbekannt, wie z. B. „Ich habe in den letzten Wochen kaum einmal einen Schläger angerührt" oder „Ich kann mich kaum bewegen, mich zwickt's im Kreuz" oder „Mein Handicap ist mir doch so egal" oder „Das wird heute ein Desaster, auf der Driving Range habe ich keinen Ball getroffen." Oder man kommt beim Turnier überhaupt ohne Einschlagen und in letzter Minute zum 1. Tee, um nach außen die Unwichtigkeit dieses Events zu demonstrieren.

Wenn Sie an Ihre Schulzeit zurückdenken, fallen Ihnen sicherlich ähnliche Sprüche vor Prüfungen ein. Durch eine solche Taktik nimmt man den Druck von sich selber und hat, wenn es schief geht, gleich eine Ausrede zur Hand: „Ich hab's ja gleich gesagt." Die Gefahr dabei ist nur, dass man selbst auf das Spielchen hereinfällt und sich im Sinne einer self-fullfilling prophecy (sich selbst erfüllende Prophezeiung) auf Misserfolg programmiert. So lange man damit nur den Druck von sich selbst wegnimmt, ist es eine durchaus sinnvolle Strategie.

die Angst vor dem Siegen

Das Zusammenwirken von Erfolgsmotivation und Erfolgsängstlichkeit, dass man den Erfolg anstrebt und gleichzeitig verhindert, ist im Sport ein oft anzutreffendes Phänomen. Man spricht dann von der Angst vor dem Siegen. Im Tennis kann man häufig beobachten, dass Spieler, die den Gegner beherrschen und ihre Aufschlagspiele souverän durchbrachten, im entscheidenden Game, wenn sie zum Sieg aufschlagen, „wackeln" oder sogar versagen. Als Golfspieler haben Sie sicherlich schon an sich oder an Flight-Partnern beobachtet, dass man mit einem guten Score unterwegs ist und den Erfolg auf den letzten Löchern verhindert. Man könnte es ganz einfach damit erklären, dass der Druck dann größer wird. Möglicherweise spielen aber auch andere, kompliziertere psychologische Mechanismen eine Rolle. Erfolg ist schön, er hat aber im Sport eine unangenehme Nebenwirkung: Er erhöht den Druck.

Erfolg im Sport erhöht den Druck.

Das Versagen in solchen Situationen muss daher nicht eine Fehlregulation sein, es kann sich auch um eine sinnvolle Schutzreaktion der Psyche handeln, die solchen Belastungen nicht oder nicht mehr ausgesetzt werden möchte. In der Psychotherapie kennt man das Phänomen, dass Kinder, die von den Eltern stark unter Druck gesetzt werden, in der Schule erfolgreich zu sein, unbewusst bei Prüfungen und Schularbeiten versagen, weil sie gelernt haben, dass gute Noten den Druck nur noch weiter erhöhen.

Versagen als Schutzreaktion der Psyche

Im Golf wird der Druck durch Erfolg gewissermaßen in Zahlen ausdrückbar. Wer im Turnier eine gute Runde spielt, wird „bestraft", indem das Handicap herunter- und die Anforderungen hinaufgesetzt werden.

Die Faszination Golf

Selbstverständlich gibt es neben dem sportlichen Aspekt eine Reihe von anderen Motiven, diesen schönen Sport auszuüben. Dazu gehört die Freude, in wunderschöner Natur unterwegs zu sein, in einen Dialog mit dem eigenen Körper zu treten und ihn zu spüren, das Streben nach Perfektion, der Wunsch, einer höheren gesellschaftlichen Gruppe anzugehören oder überhaupt gesellschaftlichen Anschluss zu finden und, und, und. Ich glaube aber, dass Performance einen wesentlichen Teil dieses Spiels ausmacht. Dabei geht es nicht um sportliche Höchstleistungen. Die sind denen vorbehalten, die sich professionell damit beschäftigen. Golf beinhaltet praktisch unendlich viele Leistungsstufen. Es ist nicht wichtig, auf welcher davon ich mich befinde. Dies hängt von

Golf in der Literatur

Das Streben nach Perfektion, ja sogar nach Vollkommenheit, scheint auch den großen amerikanischen Schriftsteller John Updike an Golf zu faszinieren. In seinem Roman „Rabbit in Ruhe" sagt er über seinen Helden Harry Angstrom: *„Golf hält für ihn immer von neuem die Hoffnung auf Vollkommenheit bereit, auf eine vollkommene Gewichtslosigkeit und Gelöstheit, denn hin und wieder trifft es tatsächlich ein, in drei Dimensionen, Schlag für Schlag. Aber dann ist er wieder nur ein Mensch und versucht, es zu erzwingen, es eintreten zu lassen, zehn Meter zusätzlich zu schaffen, es zu steuern, und es vergeht, Gnade könnte man's nennen, dies Gefühl des Zusammenwirkens, das Gefühl, größer zu sein, als er wirklich ist. Wenn man am ersten Abschlag steht und sich bereit macht, ist es da, es kommt zurück von dort, wo es sich versteckt hält, während man sein restliches Leben lebt, unendliche Möglichkeit, die Möglichkeit einer makellosen Runde ohne den kleinsten Schönheitsfehler, ohne einen verpatzten Halbmeterschlag oder einen ‚flatternden' rechten Ellbogen, ohne den Ball auch nur ein einziges Mal mit einem Holz zu schieben oder mit einem Eisen zu verziehen; das erste Fairway liegt vor einem, Palmen links, Wasser rechts, flach wie ein Bild. Alles, was man tun muss, ist, einen einfachen klaren Schwung ausführen und das Bild in der Mitte mit einem Ball durchbohren, der innerhalb einer Sekunde auf die Größe einer Nadelspitze schrumpft, ein winziger Tunnel ins Absolute. Das genau wär's."*

verschiedenen Ressourcen ab, vom Talent, von den körperlichen Möglichkeiten und Grenzen, vom Trainingsfleiß, von der Zeit, die ich diesem Sport widmen kann und auch vom Geld. Letztlich geht es darum, seine eigenen Möglichkeiten auszuschöpfen. Das bedeutet aber auch, Grenzen zu akzeptieren und die eigenen Ansprüche nicht zu hoch anzusetzen, denn sonst machen wir uns selbst den Druck, der uns daran hindert, das Mögliche zu erreichen. Aber Golf ist ohnehin ein Spiel, das uns immer wieder auf den Boden der Tatsachen

Es geht um das Ausschöpfen der eigenen Möglichkeiten.

zurückholt. Dann gibt es aber wieder diese tolle Runde, und man ist versucht, die vorherigen schlechten als Pech und die gute als den Standard zu betrachten. Aber gerade das lässt uns an diesem Spiel festhalten, auch wenn es manchmal ganz schön frustrierend sein kann.

Es ist ja nur ein Spiel

Golf ist ein Spiel. Das ist richtig. Aber zu sagen, es ist nur ein Spiel, wobei die Betonung auf „nur" liegt, wäre falsch und würde dem Wert nicht gerecht werden, den das Spiel ganz allgemein für den Menschen hat. Sofern damit gemeint ist, dass es nicht „ernst" ist, stimmt es schon gar nicht. Beobachten Sie einmal Kinder. Selbstverständlich wird ein Spiel ernst gespielt, wenngleich mit anderen Regeln als im übrigen Leben.

- Damit ein Spiel ein Spiel ist, muss die Belohnung, die Freude aus dem Spiel selbst kommen. Wer spielt, um zu ..., welchen Zweck auch immer Sie hier einsetzen möchten, der spielt nicht, sondern der verhält sich so wie bei der Arbeit.
- Das Spiel soll freiwillig gespielt werden. Wer von ihm besessen ist, hat die Freiwilligkeit verloren; er spielt nicht mehr.
- Wir spielen in einer „Als-ob-Welt". Es ist nicht die übliche, reale Welt, wir tun nur so. Wenn man zum Beispiel den Ball beim Putten anspricht, ist im Augenblick nichts wichtiger, als ihn im Loch zu versenken. Gleichzeitig weiß man, dass das Ergebnis „in Wirklichkeit" völlig unwichtig ist.
- Ein Spiel bringt auch Ärger, Frustration und Enttäuschung, das Vergnügen soll aber überwiegen.
- Der Ausgang des Spiels muss offen sein. Ein befreundeter Teaching-Pro sagte mir einmal: „Wenn ich vorher wüsste, welchen Score ich spiele, würde ich gar nicht auf den Platz gehen", und er traf damit den Nagel auf den Kopf. Im Golf (wie in jedem Sportspiel) begegnen sich das Streben nach Unbestimmtheit und das Bedürfnis nach Kontrolle. Und diese Spannung zwischen dem Wunsch nach Kontrolle, die uns bald langweilen würde und dem Akzep-

tieren der Ungewissheit, die uns hilflos und demütig werden lässt, macht zu einem großen Teil den Reiz dieses Spiels aus.

Golf ist härter als das Leben

Golfen wie die Manager? Lieber nicht.

Haben Sie sich nicht auch schon die Frage gestellt, wenn Sie mit einem Unternehmer oder Manager im Flight unterwegs waren, warum beruflich erfolgreiche Menschen auf dem Golfplatz oft eine erstaunlich schlechte Figur abgeben? Damit ist selbstverständlich nicht gemeint, wie gut oder schlecht diese Leute Golf spielen. Es geht vielmehr um andere Verhaltensweisen: das Nützen von Ressourcen, das Umgehen mit Misserfolg, das Einschätzen der eigenen Fähigkeiten und der Spielsituationen und Ähnliches. Man kann sich kaum vorstellen, dass sich diese Erfolgsmenschen im Job auch so aufführen, wie sie es auf dem Golfplatz häufig vorexerzieren, wenn sie sich nach einem Fehlschlag wie Rumpelstilzchen gebärden oder einen Schlag riskieren, der mit Glück einen bringen, aber viel wahrscheinlicher zwei kosten wird, bei jedem wichtigen Schlag in die mentale Krise schlittern, sich zu nachlässig oder zu umständlich auf den Schlag vorbereiten und was es sonst noch an „Sünden" gibt.
Meine Erklärung für diese Diskrepanz, die beileibe nicht alle Erfolgreichen betrifft, lautet: Golf ist härter als das Berufsleben. Und ich kann das auch belegen.

- Im Golf sind Sie auf sich allein gestellt. Sie haben, von besonderen Spielformen abgesehen, kein Team um sich, das Sie unterstützt und auch einmal für Sie einspringt. Dem Profigolfer hilft zwar der >*Caddy* bei den strategischen Überlegungen, beim Schlag ist er aber völlig allein.
- Wie oft hat man im Beruf einen nicht so tollen Tag, an dem man ausgelaugt ist oder den Kopf anderswo hat. Mit Routine und ein wenig Untertauchen übersteht man in der Regel auch eine solche Phase ganz gut. Und im Golf? Reden wir gar nicht von einem schlechten Tag. Bereits nach einer Schwächeperiode über ein paar Löcher können Sie den Score vergessen. Ein „Über-die-Runde-Retten" mit halbem Einsatz ist nicht möglich.

- Im Berufsleben können Sie sich einen Bonus erwerben. Vergangene Erfolge eilen Ihnen voraus, verleihen Ihnen Respekt bei den Konkurrenten und Sie können von alten Verdiensten in schlechteren Zeiten zehren. Im Golf zählt die Vergangenheit nichts, und damit ist auch schon der vorherige Schlag gemeint.
- Stellen Sie sich vor, Sie würden im Job nach Dienstschluss eine zahlenmäßige Bewertung erhalten, wie gut oder schlecht Sie an diesem Tag waren. Und diese Werte würden öffentlich ausgehängt und könnten sogar im Internet abgerufen werden. Und wenn man wiederholt schlechte Bewertungen erhält, erfolgt eine Rückstufung. Ganz schön stressig, eine solche Firma. Aber das ist exakt der Druck, dem man in einem Golfturnier ausgesetzt ist.

Motivation und Leistung

Damit der Mensch eine Leistung erbringt, benötigt er Motivation, Aktiviertheit, Antrieb oder wie immer man es nennen will. Das ist eine Binsenweisheit. Allerdings kann man daraus nicht folgern, dass man, um eine höhere Leistung zu erzielen, nur die Motivation erhöhen muss. So einfach ist es dann doch nicht.

Die Höhe der Motivation ist von der subjektiv wahrgenommenen Bedeutung der Situation abhängig, in der die Leistung erbracht werden soll. Dafür gibt es eine Reihe von Einflussmöglichkeiten, wie z. B. Geld oder andere materielle Belohnungen, Erhöhung des Ansehens, Stärkung des Ichs. Andererseits besteht aber auch eine Bedrohung durch Ausbleiben der Belohnung, Sinken des Marktwertes, Blamage und Schwächung des Ichs. Im Profisport steigert man die Motivation in aller Regel mit Geld. Mit sehr viel Geld. Und man meint, damit gute Leistungen erzwingen zu können. Bei Hobbysportlern geht es nicht um materielle Anreize, sondern meist um Ich-Stärkung.

Die Ersten, die sich mit der Erforschung des Zusammenhangs zwischen Leistung und Motivation beschäftigten, waren die amerikanischen Psychologen Robert M. Yerkes und John D. Dodson. Sie fanden eine der berühmtesten Kurven der Psychologie, die, wenig überraschend, als Yerkes-Dodson-Kurve bezeichnet wird. In Experimenten mit Schimpansen (die Ergebnisse wurden später in Experimenten mit Menschen weitgehend bestätigt) fanden sie bereits 1908 folgende Gesetzmäßigkeit: Mit zunehmender Motivation bzw. Aktiviertheit steigt die Leistung zunächst an, erreicht schließlich einen maximalen Wert und sinkt dann trotz weiterer Erhöhung der Motivation ab. Das heißt im Klartext: Ab einem bestimmten Punkt wirkt sich eine Erhöhung des Anreizes und damit der Motivation kontraproduktiv aus. Nichts ist es mit einer beliebigen Steigerung der Leistung durch Prämienerhöhung oder das Versprechen, der Sportler könne sich mit einem Sieg unsterblich machen. Es gibt also einen optimalen Grad der Aktiviertheit, bei dem die beste Leistung erbracht werden kann. Bei Unterforderung oder gar Langeweile auf der einen Seite und Übermotivation, Stress oder sogar Panik auf der anderen Seite fällt die Leistung ab.

Erhöhung der Motivation ist ab einem bestimmten Punkt kontraproduktiv

Die Yerkes-Dodson-Kurve

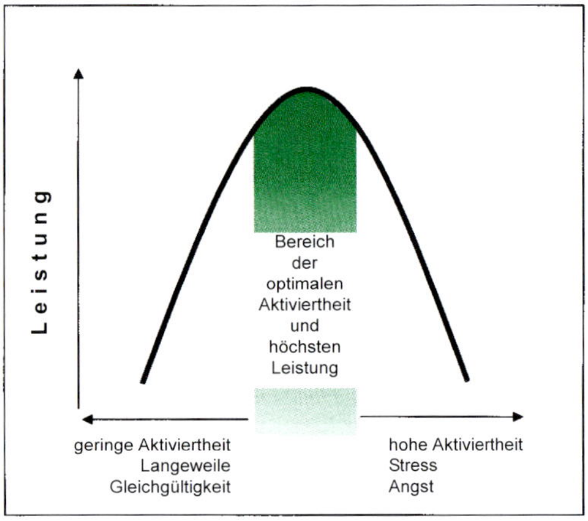

Dieses wichtige Ergebnis wurde knapp 50 Jahre später vom britischen Psychologen P. L. Broadhurst modifiziert. Er unterschied zwischen schwierigen, mittleren und einfachen Aufgaben und da zeigte sich, dass der Punkt der maximalen Leistung bei schwierigen Aufgaben bereits bei wesentlich niedrigerer Motivation erreicht wird, als bei einfachen. Anders ausgedrückt: Bei schwierigen Aufgaben wird der Punkt, ab dem eine Steigerung der Motivation kontraproduktiv wird, viel früher erreicht. Schwierige, komplexe Sportarten sind solche, die anspruchsvolle Koordinationsaufgaben beinhalten, in die viele Muskelgruppen und sensorische Bereiche integriert sind. Dazu gehören etwa Schispringen, Schilaufen, insbesondere Slalom, Eiskunstlauf, die meisten Ballsportarten, Turnen, Rhythmische Sportgymnastik – und selbstverständlich Golf. Als einfache Sportarten gelten z. B. Laufen, Schwimmen und Radfahren. Manche Disziplinen, wie z. B. Fußball oder Tennis setzen sich aus komplexen Aufgaben (Schlag, Pass, Erfassen des Raumes und der Spielsituation etc.) und einfachen Bewegungen (Laufen) zusammen. Wenn die Performance an einem Tag nicht so besonders gut ist, kann man sich bei diesen Sportarten auf die einfachen Bewegungen konzentrieren und wenigstens bis zum Umfallen laufen. Im Golf fällt diese Kompensationsmöglichkeit weg. Durch noch so viel Einsatz zwischen den Schlägen lässt sich eine Formkrise nicht ausgleichen.

Leistungskurven von Broadhurst nach Motivationsgrad und Aufgabenschwierigkeit

(Schematische Darstellung)

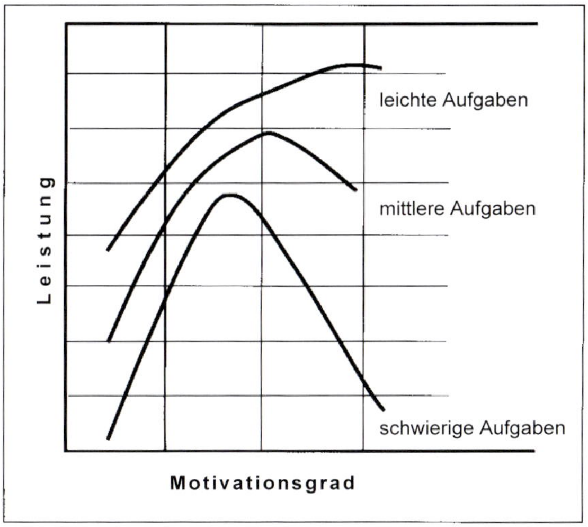

Im Golf, einer besonders schwierigen Sportart, werden die besten Ergebnisse bei relativ geringer Motivation erreicht. Wenn also die Performance nicht stimmt, wird es wohl kaum daran liegen, dass die Aktiviertheit zu gering ist. Noch mehr Bemühen und vermehrte Anstrengung werden daher die Leistungskurve nur noch rascher nach unten drücken. Druck, egal ob er von innen oder außen kommt, zahlt sich also nicht aus und bewirkt meist das Gegenteil.

bestes Golf bei geringer Motivation

Der Trainingsweltmeister

Die Fähigkeit, unter Druck gute Leistungen zu erbringen, ist, leider oder Gott sei Dank, je nachdem, wie man es sehen will, unter den Menschen nicht gleich verteilt. Den einen flattern die Nerven, wenn es darauf ankommt, und sie können das, was ihnen sonst leicht gelingt, trotz (oder wegen) besonderen Bemühens nicht zeigen. Das betrifft beileibe nicht nur den Sport. Untersuchungen zeigen zum Beispiel, dass Operationszwischenfälle bei prominenten Patienten am häufigsten vorkommen. Man kann annehmen, dass sich der Chirurg gerade in diesen Fällen besonders bemüht, steht doch seine Reputation mehr als sonst auf dem Spiel. Promis wäre daher zu empfehlen, sich anonym, als „ganz normale" Patienten ins Krankenhaus zu begeben, damit der Arzt eine „ganz normale" Operation ohne besonderen Druck durchführt. Das Lampenfieber als Reaktion auf eine Drucksituation spielt auch in der darstellenden Kunst eine große Rolle. Viele Schauspieler, Musiker und Sänger sind davon betroffen. Und selbstverständlich ist auch der Alltag davon nicht ausgenommen. Auch da gibt es die Drucksituationen, die Bewährungsproben, in denen es um etwas geht. Bereits als Kinder und Jugendliche müssen wir uns in Prüfungssituationen, beim Gedichtaufsagen, beim Ansprechen der/des heimlich Angebeteten bewähren. Manche gehen ganz locker und cool an die Sache heran und wachsen möglicherweise sogar über sich hinaus, anderen wieder ist die Kehle zugeschnürt, und es fällt ihnen erst nachher ein, was sie hätten sagen sollen. Radio- und Fernsehreporter kennen das von ihren Interviewpartnern: Die Person, die im Vorgespräch noch eben witzig und lebendig ihre Meinung sagen konnte, wird bei eingeschaltetem Mikro oder laufender Kamera umständlich, verkrampft und unpersönlich in der Ausdrucksweise. Das besondere Bemühen, gut zu sein, keinen Fehler zu machen und sich nur ja nicht zu blamieren, hat eine zusätzliche Kontrolle und unter Umständen sogar eine Blockade ausgelöst.

Besonderes Bemühen löst zusätzliche Kontrolle aus.

Die Fähigkeit zur Performance unter Druck scheint also, zumindest in manchen Situationen, ein Vorteil zu sein. Wenn das aber so ist, muss es verwundern, dass die meisten Menschen unter Druck eben nicht ihre volle Leistung bringen und

Meister der Driving Range

Der Begriff „Trainingsweltmeister" stammt vom Wiener Psychologen Giselher Guttmann. Im Golf müsste man vom „Meister der Driving Range" sprechen. Guttmann untersuchte Sportler aus verschiedenen Sparten und stellte fest, dass es solche gibt, die ihre Leistungen aus dem Training in der Wettkampfsituation nicht wiederholen können, eben Trainingsweltmeister, und solche, die ihre Leistung unter Druck sogar steigern. Ferner fand er, dass mit Entspannungstechniken die Wettkampfleistung von Trainingsweltmeistern verbessert werden kann.
Wenn wir uns den Zusammenhang von Aktiviertheit und Leistung nach Yerkes & Dodson vergegenwärtigen, könnte man sagen: Der Trainingsweltmeister erreicht den Grad der optimalen Aktiviertheit bereits im Training, eine weitere Steigerung lässt die Leistung wieder sinken. Gute „Performer" haben hingegen im Training noch eine zu geringe Aktivierung und erreichen das Optimum erst im Wettkampf. Vielleicht ist das auch ein Grund dafür, dass gute Wettkampfsportler häufig zu den Trainingsfaulen gehören, da sie sich beim Üben „fadisieren" und den Kick der Ernstsituation vermissen.

statt dessen Abstriche machen müssen. Wenn es so wäre, dass Menschen, die in Drucksituationen cool bleiben, erfolgreicher sind, die besseren Positionen erklimmen, eher an PartnerInnen kommen und sich fortpflanzen können, dann müsste sich diese Eigenschaft als die überlegene im Laufe der Evolution durchgesetzt haben und wir könnten uns alle oder zumindest mehrheitlich dieser Eigenschaft erfreuen. So ist es aber nicht. Die Welt ist voll mit Menschen, die unter Druck versagen oder „schwächeln".

Sind Menschen mit Versagensangst evolutionär im Vorteil?

Ich nehme an, und das ist zugegeben reine Spekulation, dass Menschen, die Angst haben, in psychisch belastenden Situationen zu versagen, evolutionär sogar im Vorteil sind. Sie versuchen, solche Situationen, in denen es um sehr viel geht, in denen das Risiko des Versagens groß ist, zu vermeiden. Der coole Spielertyp, der seine Existenz aufs Spiel setzt und ein

Vermögen gewinnt, scheint zwar dem „Schwitzer", der zu diesem Risiko nicht bereit ist, überlegen zu sein, aber auf einen, der durch ein solches Verhalten ein Vermögen gewinnt, kommen vermutlich Hunderte oder Tausende, die auf diese Art ihre Existenz verlieren. Dennoch sind manche Wissenschaftler, wie zum Beispiel der amerikanische Kulturanthropologe Napoleon A. Chagnon von der University of California der Meinung, dass risikofreudige Männer für Partnerinnen besonders attraktiv sind. Den Grund sieht er darin, dass dieses Verhalten signalisiert, der Mann verfüge über beträchtliche Reserven an Fitness (gut für die Gene) oder Geld (gut für die Versorgung des Nachwuchses). Nach dieser Theorie sind risikofreudige Männer also genau genommen deshalb attraktiv, weil potenzielle Partnerinnen sich täuschen lassen und hinter deren Gehabe fälschlicherweise Überfluss und eben nicht Risiko vermuten.

Sind risikofreudige Männer für Partnerinnen besonders attraktiv?

Die Eigenschaft, Druck zu vermeiden, hat also eine Menge von Vorteilen, von denen wir durchaus profitieren. Aber auf unseren Golfrunden ist sie uns hinderlich. Da wären wir gern der coole Typ, der unter Druck seine Leistung bringt. Dabei ist es im Golf nicht so einfach wie im Alltagsleben, Drucksituationen zu vermeiden. Auf jeder Runde gibt es zwangsläufig Schläge, die besonders wichtig sind.

Auch Supersportler versagen unter Druck.

Zum Trost: Auch für Sportler, die scheinbar „keine Nerven" haben und gut mit Druck umgehen können, gibt es die Situationen, bei denen sie Wirkung zeigen. Selbst ein so großer Golfer wie Phil Mickelson bekam das Zittern bei Major-Events. Erst nach 21 Siegen auf der US PGA Tour konnte er mit dem Gewinn des Masters den Bann brechen. Und ein David Beckham, der, wie es ein Journalist ausdrückte, mit dem Ball eine Fliege von der Torstange schießen kann, vergab bei der Fußball-Europameisterschaft 2004 gleich zwei Elfmeter.

Choking under pressure

Erklärungsansätze

In den USA beschäftigte man sich in den letzten Jahrzehnten intensiv mit dem Problem des Leistungsabfalles unter erhöhtem Druck. Dort wird das paradoxe Phänomen, dass in einer als wichtig empfundenen Situation trotz besonderen Bemühens um gute Performance eine schlechte Ausführung der beabsichtigten Leistung erfolgt, als „choking under pressure" bezeichnet. Wörtlich übersetzt bedeutet es etwa „Ersticken unter Druck" – klingt nicht sehr erfreulich.

Eine solche Drucksituation kann verschiedene Ursachen haben wie z. B. hohe eigene oder öffentliche Erwartung, hohen materiellen oder ideellen Anreiz, unangenehme Konsequenzen im Falle des Misserfolges, Publikumspräsenz, hohe Bedeutung für das Ich oder Ähnliches. In solchen Situationen kommt es zu besonderem Bemühen um Performance. In paradoxer Weise erfolgt gerade dann ein Leistungsabfall. Für den Hobbygolfer sind meist die hohe eigene Erwartung und die Bedeutung für das Ego im Spiel.

zwei Erklärungshypothesen für choking under pressure

Für das Entstehen von choking under pressure gibt es zwei Erklärungshypothesen: die Ablenkungstheorie (distraction theory) und die Selbstaufmerksamkeitstheorie (self-focus theory), die auch als ausführungsorientierte Theorie (execution-focus theory) bezeichnet wird.[2] Die Ablenkungstheorie besagt, dass unter Druck die Aufmerksamkeit auf Gedanken, Vorstellungen und Umweltreize gerichtet wird, die für die Ausführung der Aufgabe bedeutungslos sind. Das wäre z. B. der Fall, wenn beim Abschlag die Sorge auftaucht, man könnte den >*Drive* nach links ins Wasserhindernis verziehen, oder der Gedanke in den Sinn kommt, ob man wohl das Auto

2 Ich verwende weiter den Begriff „Selbstaufmerksamkeitstheorie", da er sich als wissenschaftlicher Terminus im deutschen Sprachraum durchgesetzt hat. Besser geeignet wäre aber die Bezeichnung „ausführungsorientierte Theorie", da sie ausdrückt, dass die Aufmerksamkeit dabei nicht auf mich selbst in einem allgemeinen Sinn gerichtet ist, sondern auf Details der Ausführung einer Aufgabe.

versperrt hat oder ob man besser liegt als beim letzten Turnier, oder ob der Ball nicht doch zu hoch aufgeteet sein könnte oder was es sonst noch an Gedanken gibt, die man im Moment absolut nicht brauchen kann.
Die Selbstaufmerksamkeitstheorie erklärt den Leistungsabfall unter Druck damit, dass in diesen Situationen Ängste und Selbstzweifel bezüglich einer guten Performance entstehen. Und diese führen dann dazu, dass die Aufmerksamkeit auf die Ausführung der Bewegung und ihre punktuelle und stufenweise Kontrolle gerichtet wird.
Die erstere Theorie besagt also, dass durch die Ablenkung zu wenig Aufmerksamkeit für die Ausführung der Bewegung zur Verfügung steht, die zweite Theorie erklärt den Leistungsabfall unter Druck damit, dass zu viel bewusste Aufmerksamkeit und Kontrolle auf die Bewegungsausführung gerichtet wird.

Eigenartigerweise haben beide Theorien Recht, jedoch für völlig unterschiedliche Situationen. Um es kurz zu sagen:

Für das Erlernen von Bewegungen kann die bewusste Lenkung der Aufmerksamkeit auf Details der Ausführung durchaus von Vorteil sein. Ganz anders ist es beim Abrufen von gut gelernten, automatisierten Bewegungen. Dort wirkt sich ein Zuviel an bewusster Aufmerksamkeit und Kontrolle ungünstig auf die Leistung aus.

Die Ablenkungstheorie

Gut gelernte Aufgaben erfordern wenig Aufmerksamkeit.

In den letzten 30 Jahren erfolgte eine ganze Reihe von Untersuchungen an Pianisten, Eishockey-Spielern, Fußballern und anderen Sportlern (siehe Kasten auf der nächsten Seite), die alle bewiesen, dass gut gelernte Aufgaben wenig Aufmerksamkeit erfordern. Untersucht wurde dies, indem man den Testpersonen eine Zusatzaufgabe gab, die ihre Aufmerksamkeit beanspruchte. Dennoch verschlechterte sich die Leistung in der Hauptaufgabe nicht, sofern diese gut gelernt war. Bei ungeübten Personen bzw. bei solchen, die sich noch in der Lernphase befanden, wirkte sich die Zusatzaufgabe hingegen leistungsverschlechternd aus.

Bei Geübten keine Leistungsverschlechterung durch Ablenkung

Allport, Antonis und Reynolds (1972) fanden, dass die Leistungen von Pianisten, die eine Zusatzaufgabe zu verrichten hatten, beim Spielen vom Blatt nicht schlechter waren als die einer Kontrollgruppe von Pianisten, die keine Zusatzaufgabe bewältigen mussten.

Fisk und Schneider (1984) trainierten eine Gruppe von Testpersonen in einer visuellen Suchaufgabe, bei der sie lernten, eine Reihe von optisch dargebotenen Wörtern daraufhin zu überprüfen, ob sie zu einer bestimmten Kategorie von Wörtern gehören. Mit Übung verbesserten sich sowohl die Schnelligkeit als auch die Genauigkeit der Zuordnung. Gleichzeitig nahm aber die Erinnerung an die Wörter, die durchsucht worden waren, ab (gegenüber der Phase geringer Übung). Sie schlossen daraus, dass durch Übung eine Automatisierung erfolgte und damit die Durchführung der Suchaufgabe verbessert wurde, während die Aufmerksamkeit auf die Teile der Aufgabe abnahm.

Leavitt (1979) ließ Eishockey-Spieler mit dem Puck einen Slalom durchfahren. Zusätzlich hatten sie auf geometrische Figuren, die auf das Eis projiziert wurden, zu reagieren. Er fand, dass sich die Leistungen in der Hauptaufgabe bei erfahrenen Spielern durch die zusätzliche Aufgabe nicht verschlechterten, bei Anfängern hingegen schon.

Smith und Chamberlin (1992) untersuchten die Dribble-Künste von erfahrenen Fußballern und Anfängern mit und ohne zusätzliche visuelle Aufgabe, ähnlich der von Leavitt. Bei erfahrenen Spielern sank die Dribble-Leistung trotz Zusatzaufgabe nicht, bei ungeübten hingegen schon.

Allen diesen Tätigkeiten wie Dribbeln, den Puck führen oder vom Blatt spielen ist gemein, dass sie von Fußballern, Eishockey-Spielern oder Pianisten so gut eingeübt werden, dass

sie schließlich völlig automatisch[3] ablaufen und gewissermaßen „im Schlaf" beherrscht werden. Es erfordert also von den Akteuren keine besondere Aufmerksamkeit, diese Tätigkeiten auszuführen.
Dies wird dadurch deutlich dokumentiert, dass die Performance bei geübten Testpersonen nicht abnahm, wenn eine Zusatzaufgabe gestellt wurde, die zumindest einen Teil der Aufmerksamkeit beanspruchte. Ganz anders bei ungeübten Personen: Bei ihnen bewirkte die Ablenkung durch eine Zusatzaufgabe eine Verschlechterung der Leistung in der Hauptaufgabe.
Die Ablenkungstheorie kann somit gut erklären, warum Ungeübte unter Druck eine schlechtere Leistung erbringen: Da in der Lernphase die Aufgabe (noch) mit bewusster Konzentration auf die Durchführung erledigt wird, reicht bei Ablenkung die Kapazität des Bewusstseins nicht mehr aus und es kommt zum Leistungsabfall. Für den Lernprozess bedeutet dies, dass in dieser Phase Ablenkungen möglichst zu vermeiden sind, da es sonst zu einer Verminderung der Leistung kommt.

beim Lernen Ablenkung möglichst vermeiden

Geübte sind davon unberührt, denn sie brauchen die bewusste Aufmerksamkeit zur Erledigung der Aufgabe nicht. Für sie ist die Selbstaufmerksamkeitstheorie „zuständig".

---

3 „Automatisch" heißt in diesem Zusammenhang nicht, dass die Bewegung automatenhaft und jedes mal völlig gleichförmig ausgeführt wird. Es bedeutet, dass sie gut eingeübt ist und daher keine oder nur geringe bewusste Kontrolle erfordert. Das Gehen ist sicherlich ein Bewegungsvorgang, der diesen Kriterien entspricht. Dennoch könnten wir bei genauen Messungen feststellen, dass praktisch kein Schritt einem anderen völlig gleicht. Obwohl wir uns nicht bewusst darum bemühen, passen wir die Schritte der Elastizität, der Griffigkeit und der Neigung des Untergrundes, der Art des Schuhwerks, dem Gewicht eines getragenen Gegenstandes und noch vielen anderen Bedingungen an. Und schließlich drückt sich auch unsere Stimmung darin aus, wie wir voranschreiten.
Obwohl wir uns im Golf um Gleichförmigkeit und Wiederholbarkeit bemühen, ähneln sich die Schläge bestenfalls, sie sind aber niemals gleich. Das wäre auch nicht wünschenswert, da wir sie sonst nicht den unterschiedlichen Gegebenheiten anpassen könnten. Man könnte in Anlehnung an ein Zitat eines Tennisspielers sagen: „Wenn ich einen Schlag mache, dann produziere ich nichts absolut Neues, ich wiederhole aber auch nichts Altes."

Die Selbstaufmerksamkeitstheorie

Nach der Selbstaufmerksamkeitstheorie besteht unter Druck die Tendenz, die Aufmerksamkeit auf die Durchführung der Aufgabe zu lenken. Dies würde bei Anfängern kaum einen Leistungsabfall bewirken, da sie ohnehin auf diese Art an die Aufgabe herangehen. Bei geübten Sportlern würde die Performance jedoch sinken, da die bewusste Lenkung der Aufmerksamkeit auf Bewegungsdetails den gut geübten, automatisierten Ablauf stört.

Der Vorgang des choking under pressure verläuft also bei geübten Personen auf die folgende Weise: Wegen der subjektiven Bedeutung einer Aufgabe besteht einerseits das Bestreben, eine besonders gute Leistung zu erbringen und andererseits die Sorge, dass es schief gehen könnte. Es kommt zu vermehrter Selbstaufmerksamkeit, d. h. der Sportler bemüht sich, die Bewegung zu kontrollieren, indem er seine Aufmerksamkeit einzelnen Schritten der Bewegungsausführung zuwendet. Es tritt also eine Art „Tausendfüßler-Effekt" auf. Von diesem Tier, das seine vielen Beine tadellos koordiniert, sagt man, dass es zu stolpern begänne, würde man es fragen, wie es das anstellt.

der „Tausendfüßler-Effekt"

Eine Forschergruppe um Sian L. Beilock von der Michigan State University konnte beweisen, dass es beim Abrufen gut gelernter Bewegungen von der Lenkung der Aufmerksamkeit abhängt, ob es zu einer guten oder zu einer schlechten Leistung kommt. Sie fanden, dass sich die Puttleistungen geübter Golfer verschlechterten, wenn die Aufmerksamkeit auf ein Bewegungsdetail gerichtet wurde, und dass sie sich verbesserten, wenn sie abgelenkt wurden und die Bewegung ohne bewusste Kontrolle ausführten (siehe Kasten auf der nächsten Seite).

Das heißt:

Bewusste Aufmerksamkeit auf Details des Bewegungsvorganges ist bei gut eingeübten, automatisierten Abläufen nicht nur überflüssig, sie ist sogar schädlich für die Performance.

Aber noch etwas folgt aus den Ergebnissen dieses Experiments: Es wurden dabei keine Selbstzweifel durch eine be-

Das Experiment

Sian L. Beilock und Kollegen (2002) führten das folgende Experiment durch, an dem nur erfahrene Golfer teilnahmen: Die Testpersonen absolvierten zunächst einen Übungsdurchgang mit 20 Putts. Danach folgten zwei weitere Durchgänge, deren Reihenfolge abgewechselt wurde: In einem hatten die Teilnehmer neben dem Putten eine ablenkende Zusatzaufgabe zu bewältigen, im anderen erhielten sie eine bewegungsbezogene Aufgabe. Die Zusatzaufgabe bestand darin, dass die Testpersonen ungefähr alle zwei Sekunden über Kopfhörer einen Ton zugespielt erhielten. Durchschnittlich jedes vierte Mal wurde ein bestimmter Zielton eingestreut. Immer wenn dieser zu hören war, mussten die Teilnehmer laut „Ton" sagen. Dadurch war eine ziemlich starke Ablenkung von der primären Aufgabe, dem Putten, gegeben. Bei der bewegungsbezogenen Instruktion wurde den Testpersonen der Auftrag gegeben, am Ende des Durchschwungs (follow-through), wenn der Putterkopf zum Stillstand gekommen war, laut „Stopp" zu sagen. Nach jedem Putt wurde der Abstand des Balls zum Zielpunkt gemessen.
Die Ergebnisse waren eindeutig: Im Vergleich zu den Puttleistungen im Übungsdurchgang, in dem keine besondere Instruktion erfolgte, waren die Ergebnisse mit ablenkender Zusatzaufgabe besser, mit Lenkung der Aufmerksamkeit auf ein Bewegungsdetail jedoch deutlich schlechter.

sondere Drucksituation erzeugt. Die Leistungsverschlechterung ergab sich also nicht wegen eines veränderten emotionalen Zustandes der Testpersonen, sondern einzig und allein durch die veränderte Aufmerksamkeitszuwendung. Selbstzweifel sind daher nicht die unmittelbare Ursache für Leistungsabfall, sondern sie begünstigen die Selbstaufmerksamkeit, und diese bewirkt dann erst die schlechte Performance. Psychischer Druck und Selbstzweifel müssen noch nicht bedeuten, dass es zu choking kommt – sofern es gelingt, die Zuwendung der bewussten Aufmerksamkeit auf Details der Bewegungsausführung zu verhindern.

Im Klartext:

Wem es gelingt, trotz Drucks und Selbstzweifel die automatisierte Bewegung unbewusst, ohne kontrollierendes und steuerndes Eingreifen des Bewusstseins ablaufen zu lassen, der hat das mentale Spiel gewonnen.

Choking under pressure in Beruf und Alltag

Choking under pressure im Sport, das wäre ja noch zu verkraften, so lange man nicht Profi-Sportler ist. Das Problem verfolgt uns leider auch im Berufs- und Alltagsleben. Beispiele dafür sind Prüfungsstress und Angst vor öffentlichen Auftritten. Dazu gibt es eine Reihe von wissenschaftlichen Untersuchungen, deren Ergebnisse auch auf das Golfspiel anwendbar sind:

- Ähnlich, wie in Drucksituationen im Golf, besteht auch in Prüfungssituationen die Tendenz zur Lenkung der Aufmerksamkeit nach innen. Ängstliche Personen sind stärker mit sich selbst als mit der Aufgabe beschäftigt, die zu erledigen ist. Dabei gehen sie eher negativ und abwertend mit sich selber um und sind besorgt um ihre Leistungsfähigkeit.
- Sie reagieren besonders empfindlich auf negative Rückmeldungen und Erfahrungen.
- Zuseher und hohe Erwartungen wirken sich bei ängstlichen Personen negativ auf die Leistung aus, bei wenig ängstlichen funktioniert es genau umgekehrt: Sie werden bei Publikum und bei besonderen Herausforderungen besser.
- Besonders dramatisch wirken sich Aufgaben mit hoher Bedeutung für das Ich aus. Wenn die Person den Eindruck hat, das Ich stünde auf dem Prüfstand und ein schlechtes Ergebnis würde dieses beschädigen, ist der Leistungsabfall unter Druck besonders ausgeprägt. Ihre Performance ist besser, wenn die Leistung anonym erfolgt und das Ergebnis keinen Rückschluss auf die Fähigkeiten zulässt.

Die beschriebenen Phänomene aus dem Berufs- und Alltagsleben werden den meisten Golfern sicherlich bekannt vorkommen. Die Tendenz, bei Fehlschlägen oder sogar schon bei nicht ganz gelungenen Versuchen sehr hart mit sich ins Gericht zu gehen, ist häufig zu beobachten. Es entwickelt sich daraus eine Dynamik, die die Selbstabwertung immer höher und die Leistung immer tiefer treibt. Wir gehen dabei oft in einer Art mit uns selbst um, wie wir es einer anderen Person niemals erlauben würden. Kennzeichnend ist auch, dass in solchen Situationen negative Erfahrungen, die nicht ausbleiben können, als Beweis für die eigene Unfähigkeit angesehen werden (siehe auch das Kapitel „Zur Nachbereitung des Golfschlags").

Was Könner anders machen

Beilock und Carr versuchten, dem Geheimnis auf die Spur zu kommen, was geübte Golfer beim Putten anders machen als Anfänger. Damit ist natürlich nicht gemeint, worin sich ihre Putttechnik unterscheidet, sondern welche unterschiedlichen „geistigen" Prozesse bei diesen beiden Gruppen von Sportlern ablaufen. Insbesondere interessierte sie, ob sich Anfänger und fortgeschrittene Golfer darin unterscheiden, dass sie das Putten <u>bewusst</u> <u>kontrollieren</u> oder <u>unbewusst</u> <u>ablaufen</u> <u>lassen</u>. Nur bewusst ablaufende Prozesse hinterlassen eine Spur im (sog. deklarativen) Gedächtnis. Wenn man also die Testpersonen nach dem Putten fragt, an welche Einzelheiten sie sich erinnern können, kann man aus den Antworten darauf schließen, was während der Ausführung im Bewusstsein war.

Die Forschergruppe ging von der Annahme aus, dass Könner mehr darüber wissen, wie ein Putt auszuführen ist, dass sie sich aber nach der Durchführung nur an wenige Details erinnern können, da diese unbewusst erfolgt. Umgekehrt sollte es bei Anfängern sein: Sie verfügen über wenig mitteilbares Wissen, wie man einen Putt produziert, können sich aber nach der Ausführung an mehr Einzelheiten erinnern, da sie die Bewegung bewusst steuern. Im Experiment konnten diese Annahmen voll bestätigt werden (siehe Kasten auf der nächsten Seite).

Das Experiment

Beilock und Carr (2001) ließen die Mitglieder des Golf-Teams der Michigan University und Studenten ohne Golferfahrung Putts in drei Durchgängen mit insgesamt 70 Versuchen durchführen. Nach dem ersten und zweiten Durchgang wurden die Testpersonen aufgefordert, das Putten in den einzelnen Schritten möglichst genau zu beschreiben. Nach dem abschließenden Testdurchgang wurden die Teilnehmer ersucht, den letzten Putt detailliert aus der Erinnerung zu beschreiben. Damit wurden zwei Arten von Wissen erhoben: einerseits das Wissen darüber, wie ein Putt typischerweise durchzuführen ist, andererseits das aus der Erinnerung abgerufene Wissen über eine konkrete Puttdurchführung.

Die Ergebnisse entsprachen den Erwartungen: Die erfahrenen Golfer konnten wesentlich mehr und detailliertere Angaben über das Putten machen als Nicht-Golfer. Die Golf-Team-Mitglieder übertrafen die Nicht-Golfer besonders bei den Angaben zur Prüfung der Puttlinie und der Planung der Putts. Dieses Ergebnis deckt sich mit zahlreichen anderen Untersuchungen auf diesem Gebiet: Könner verwenden mehr Zeit und Aufmerksamkeit zur Vorbereitung und Planung einer Handlung.

Fragte man die Testpersonen jedoch, an welche Details der Ausführung des letztes Putts sie sich erinnern können, so machten die Nicht-Golfer viel mehr Angaben als die Golf-Experten. Besonders augenscheinlich war dies bei den erinnerten Details der Mechanik der Puttbewegung.

Gegen dieses Experiment ließe sich mit einiger Berechtigung einwenden, dass man ja vorgeben könnte, sich an etwas zu erinnern, von dem man nur annimmt, dass es zum Zeitpunkt des Puttens bewusst war. Oder dass man sich an etwas, das im Bewusstsein war, beim Abfragen nicht mehr erinnern kann. Dies trifft aber auf alle Testpersonen gleichermaßen zu. Als Fakt bleibt bestehen, dass Golf-Experten zwar mehr über das Putten wissen als Anfänger, bei der konkreten Ausführung aber weniger davon im Bewusstsein haben.

Könner wissen mehr, haben bei der Ausführung aber weniger davon im Bewusstsein.

Untersuchungen von anderen Forschern haben ergeben, dass erfahrene Sportler eher versuchen, es geschehen zu lassen, als zu versuchen, es geschehen zu machen.
Gute Wettkampfsportler machen also etwas richtig, was viele andere, und vielleicht auch Sie und ich, erst mühsam lernen müssen: Sie richten auch unter Druck das Bewusstsein nicht auf die Ausführung der Aufgabe, sondern sie lassen sie unbewusst geschehen. Es sind mir zwar keine Untersuchungen dazu bekannt, aber man kann annehmen, dass manche Menschen diese Fähigkeit in die Wiege gelegt bekommen, andere lernen sie möglicherweise durch Versuch und Irrtum. Mit diesem Buch hoffe ich, Ihnen konkrete Hinweise geben zu können, wie man sie systematisch trainieren kann.

Der „Funny-Putter"-Test

Was passiert eigentlich, wenn ein erfahrener Golfer aufgrund geänderter Umstände seine Kenntnisse nicht mehr anwenden kann, wenn man ihn also gewissermaßen künstlich ins Anfängerstadium zurückversetzt? Beilock und Carr untersuchten diesen Fall, indem sie sowohl Anfänger als auch Könner zunächst mit einem regulären und dann mit einem so genannten „Funny-Putter" spielen ließen. Sie verwendeten dafür ein Gerät, das zwar einen normalen Putterkopf, aber einen S-förmigen Schaft mit eigenwilliger Gewichtung aufwies. Wie zu erwarten, verschlechterte sich die Puttleistung der erfahrenen Golfer. Das noch wichtigere Ergebnis aber war, dass sie ihre Aufmerksamkeitszuwendung veränderten. Während sie bei der Übung mit dem regulären Putter kaum bewusst auf Details der Durchführung achteten (sie erinnerten sich nach einem konkreten Putt nur an wenige Details), war ihre Aufmerksamkeit bei den Versuchen mit dem „Funny-Putter" auf die Mechanik der Ausführung gerichtet (viele Details in der Erinnerung) – genau so, wie man es bei den Golfanfängern beobachten konnte.

In neuen Situationen richtet sich die Aufmerksamkeit auf die Bewegungsausführung.

Wenn also noch keine ausreichenden Erfahrungen für eine gut und erfolgreich auszuführende Bewegung vorliegen, wird die Aufmerksamkeit, ohne dass das bewusst gesteuert werden muss, auf den Prozess gerichtet, der für die Bewegungsausführung notwendig ist. Das erscheint vernünftig und hat sich in der Evolution offensichtlich auch bewährt. Gleiches passiert, wenn eine gewonnene Erfahrung in einer geänderten Situation nicht mehr anwendbar ist. Dann wird die Aufmerksamkeit sofort wieder der Ausführung der Aufgabe zugewandt. Im Zuge des weiteren Lernprozesses, wenn die Bewegung den gewünschten Effekt hat und immer mehr automatisiert wird, zieht sich die bewusste Aufmerksamkeit wieder von der Kontrolle der Durchführung zurück. Unter Druck allerdings besteht die Tendenz, dass sich das Bewusstsein wieder einschaltet und den Bewegungsablauf stört.

Halten wir nochmals fest:

- **Im Lernprozess wird üblicherweise die bewusste Aufmerksamkeit auf Details der Bewegung gelenkt.**
- **Ausreichend geübte, automatisierte Bewegungen brauchen keine bewusste Aufmerksamkeit.**
- **Unter Druck besteht die Tendenz, die Aufmerksamkeit auf Details der Ausführung zu richten und dadurch verschlechtert sich die Performance.**

Im Vorangegangenen war mehrmals die Rede von Bewusstsein und Unbewusstem. Höchste Zeit, dass wir uns mit diesen Phänomenen eingehender befassen.

Bewusstsein und Unbewusstes

Bewusstsein – eine späte Erfindung

Jede(r) von uns hat natürlich viel Ahnung vom Bewusstsein, denn schließlich begleitet es uns den lieben langen Tag. Und selbst wenn wir schlafen und träumen, ist es wach. Obwohl uns selbst nichts so bekannt ist, wie unser eigenes Bewusstsein, ist es für andere völlig unzugänglich. Wie Sie einen Ton oder eine Farbe wahrnehmen, wissen nur Sie. Wir sprechen zwar gemeinsam von der Farbe Rot und nehmen an, dass auch die anderen bei ihrem Anblick dasselbe erleben, wir wissen es aber nicht. Letztlich ist jeder mit seinem Bewusstsein allein. Dasselbe gilt selbstverständlich auch für den Golfschwung. Wie Sie ihn erleben, welche Vorstellungen und Empfindungen ihn einleiten und begleiten, wissen nur Sie.

Unser Bewusstsein kennen nur wir, das Unbewusste ist auch uns selbst fremd.

Aber in unseren Gehirnen spielen sich nicht nur bewusste, sondern auch unbewusste Vorgänge ab, und diese sind nicht nur den anderen unbekannt, sie bleiben auch uns selbst fremd. Wir können zwar ihre Auswirkungen feststellen, aber noch niemand konnte bisher, denn das liegt in der Natur der Sache, über unbewusstes Erleben berichten. Zum Beispiel sind Sympathie und natürlich auch das Gegenteil davon, das Ergebnis unbewusster Prozesse. Sie lernen eine Person kennen und fühlen sich aus unerklärlichen Gründen zu ihr hingezogen. Dieses Gefühl, das Ihnen durchaus bewusst wird, ist das Ergebnis eines Vorgangs im Gehirn, der im Dunkeln bleibt. Sie erfahren also im Bewusstsein das Ergebnis, nicht aber den Prozess, der dazu geführt hat. Nachträglich versucht dann das Bewusstsein meist, eine Begründung dafür nachzuliefern, wie z. B.: Sie (er) hat ein nettes Lächeln, sie (er) ist so ruhig, sie (er) ähnelt einer nahe stehenden Person. All diese nachgelieferten Argumente können zwar zutreffen, haben aber mit den unbewussten Vorgängen nichts zu tun. Wenn Sie also bei einer (einem) Angebeteten „landen“ oder einen Personalchef überzeugen wollen, kommt es darauf an, wie gut Sie bei deren Unbewusstem ankommen, denn dort wird, mit großer Wahrscheinlichkeit, die Entscheidung getroffen.

Ob ein Geschehen bewusst oder unbewusst abgelaufen ist, lässt sich relativ leicht feststellen. Alles das, worüber man berichten kann, gehört zu den bewussten Inhalten, denn Bewusstsein ist immer Bewusstsein von etwas.

Bewusstsein ist immer Bewusstsein von etwas.

Betrachtet man das Gehirn des Menschen, so spielen sich die bewussten Vorgänge vermutlich nur in der obersten Schicht, dem Großhirn oder Cortex ab. Entwicklungsgeschichtlich ist das Bewusstsein eine relativ junge Errungenschaft des Menschen. Seit wann er über diese Fähigkeit verfügt, ist völlig ungeklärt. Auch Tiere, zumindest die höher entwickelten, haben Bewusstsein.

Auch Tiere haben Bewusstsein.

Wichtig ist die Feststellung, dass der Mensch auch ohne Bewusstsein lebensfähig ist, aber ganz offensichtlich bringt es evolutionsbiologische Vorteile, wenn man es hat, denn schließlich haben die, die es besitzen, diejenigen überlebt, die es nicht besaßen. Das Bewusstsein kann zum Beispiel Ziele setzen, Ergebnisse bewerten, Begriffe bilden, Zusammenhänge herstellen und neue Probleme lösen. Außerdem ist es der Träger des Ichs, mit dem wir uns noch genauer befassen werden. Um unsere komplizierte Welt aufzubauen und sich darin zurecht zu finden, braucht man Begriffe und Theorien, wie die Dinge zusammenhängen. Damit die Gesellschaft sich weiter entwickeln kann, brauchen wir Wissen in einer mitteilbaren Form. Das alles kann das Unbewusste nicht leisten. Dafür braucht man Bewusstsein.

Bewusstsein bringt evolutionsbiologische Vorteile.

Genau genommen gibt es nicht das Bewusstsein, sondern verschiedene Teilbereiche. Einige davon bilden den Hintergrund, der nur undeutlich vorhanden ist. Dazu gehört auch das Ich-Bewusstsein. Uns interessiert hier besonders das so genannte Aktualbewusstsein, in dem die Wahrnehmungen, die Gefühle, das Denken, das Vorstellen und Erinnern enthalten sind.

Wie der Mensch wahrnimmt

Wenn man Leute auf der Straße fragen würde, wie der Mensch ihrer Meinung nach wahrnimmt, so bekäme man wohl meist eine solche oder ähnliche Antwort: Das ist doch ganz einfach. Durch meine Sinnesorgane, z. B. die Augen,

nehme ich optische Umweltreize auf. Diese werden auf der Netzhaut in elektrische Impulse umgewandelt und von dort an die zugehörigen Zentren im Gehirn weitergeleitet. Dort entsteht eine neuronale Abbildung des gesehenen Gegenstandes und ich entscheide dann, welches dieser Bilder ich mit meiner Aufmerksamkeit weiter verfolge.
Dieser Auffassung läge die Annahme zugrunde, im Hirn säße ein kleiner Mann (oder eine kleine Frau), der (die) jeweils die Wahrnehmungsinhalte auswählt, die bewusst werden sollen. An dieser Theorie ist so gut wie alles falsch. Trotzdem hielt sie sich – nicht nur beim Mann auf der Straße, sondern auch in der Wissenschaft – bis in die Mitte des 20. Jahrhunderts. Ein Grund dafür, dass diese Auffassung so lange und hartnäckig vertreten wurde, liegt sicherlich darin, dass sie dem herrschenden Menschenbild so gut entspricht: Der Mensch, das bewusste Wesen, das Herr seiner Wahrnehmung ist.

begrenzte Kapazität des Bewusstseins

Der augenscheinlichste Grund dafür, dass diese Annahme falsch ist, liegt in der begrenzten Kapazität des Bewusstseins. Betrachten wir die Wahrnehmung vom Standpunkt der Informationsverarbeitung. Ich möchte Sie nicht mit Zahlen langweilen, nur so viel zur Verdeutlichung der wahren Verhältnisse: Über die Sinnesorgane kommen in jeder Sekunde ca. 11 Millionen bit an Information (siehe untenstehende Tabelle) in unser Gehirn. Am eifrigsten ist dabei das Auge, das allein 10 Millionen bit beisteuert. Man bezeichnet den Menschen daher mit einiger Berechtigung auch als „Augentier".

Kanalkapazität (Bandbreite) von Sinnesorganen und Bewusstsein*

	Bandbreite bit/Sek	bewusste Bandbreite bit/Sek
Auge	10,000.000	40
Haut	1,000.000	5
Ohren	100.000	30
Nase	100.000	1
Zunge	1.000	1

*Nach Noerretranders (1997)

Das Binärsystem

Ein bit (binary digit) ist diejenige Informationsmenge, die notwendig und ausreichend ist, um aus zwei gleich wahrscheinlichen Alternativen eine mit Sicherheit auszuwählen. Computer arbeiten nach diesem so genannten Binärsystem. Jedes Schaltelement kann einen von zwei Zuständen annehmen. Information wird daher in einer Folge von Binärzahlen, z. B. 1011000101 ausgedrückt. Auch die gute alte Lochkarte aus den Kindertagen der Rechner arbeitete nach diesem Prinzip (Loch oder kein Loch). Der Computer ist insofern eine gute Simulation des Gehirns, als auch seine Elementarteilchen, die Neuronen[4], nur einen von zwei Zuständen annehmen können: aktiviert oder nicht aktiviert. Und auch bei den einzelnen Muskelfasern ist es so; sie kennen nur die beiden Zustände „kontrahiert" oder „nicht kontrahiert". Die feine Abstufung einer höheren oder geringeren Anspannung einer Muskelgruppe ergibt sich daraus, dass mehr oder weniger Fasern kontrahiert sind.

Diesen riesigen Datenmengen von mehr als 11 Millionen bit steht die Enge des Bewusstseins gegenüber, das pro Sekunde nur maximal 40 (!) bit verarbeiten kann. Die Vorstellung, dass wir die Wahrnehmung bewusst auswählen können, kann man somit getrost vergessen. Den kleinen Mann im Hirn gibt es nicht. Wie aber können wir uns trotz der beschränkten Informationsaufnahme- und -verarbeitungskapazität des Bewusstseins dennoch in der Welt zurechtfinden? Wir bedienen uns dazu der gigantischen Möglichkeiten des Unbewussten, Information zu verarbeiten und so zu reduzieren, dass das Bewusstsein nicht überfordert ist.

Information wird im Unbewussten reduziert, damit **das** Bewusstsein nicht überfordert ist.

4 Neuronen sind die Nervenzellen im Hirn. Die Wissenschaftler schätzen, dass der Mensch durchschnittlich 100 Milliarden davon besitzt – ein wahres Universum im Kopf.

Unterschiedliche Arbeitsweisen von Bewusstsein und Unbewusstem

Das Unbewusste arbeitet nach völlig anderen Prinzipien als das Bewusstsein. Es ist allein schon aus dem Grund unermesslich schneller, da in ihm viele Prozesse gleichzeitig ablaufen können. Das Bewusstsein ist hingegen in Serie geschaltet und kann immer nur eines nach dem anderen verrichten.

So arbeitet das Unbewusste	das Bewusstsein
automatisiert	kontrolliert
Aufmerksamkeit und Bewusstsein nicht nötig oder stören sogar	Aufmerksamkeit und Bewusstsein nötig
unabhängig von begrenzten Ressourcen (z. B. Arbeitsspeicher)	abhängig von begrenzten Ressourcen
schnell und mühelos	langsam und mühevoll
geringe Fehleranfälligkeit	sehr störanfällig
Verbesserung durch Übung, aber schwer veränderbar	geringe Übungseffekte, aber schnell veränderbar
parallele Informationsverarbeitung	serielle Informationsverarbeitung
im Detail sprachlich nicht berichtbar	auch im Detail sprachlich berichtbar

Denken verbraucht viel Energie

Die unterschiedlichen Arbeitsweisen von Bewusstsein und Unbewusstem schlagen sich auch im Energieverbrauch nieder. Insgesamt verbraucht das Gehirn des Menschen für seinen Stoffwechsel eine erstaunliche Menge Sauerstoff. Von diesem gesamten Bedarf entfallen 20 Prozent auf das Gehirn, obwohl es nur 2 Prozent des Körpergewichtes ausmacht. In der Großhirnrinde, also dort, wo sich die bewussten Prozesse abspielen, ist der Sauerstoffverbrauch achtmal so hoch wie im übrigen Hirngewebe. Wir dürfen uns also nicht wundern, wenn wir nach einer Golfrunde nicht nur körperlich, sondern auch im Kopf müde sind.

Zurück zur Wahrnehmung: Die Vorbereitung und Auswahl dessen, was bewusst wahrgenommen wird, erfolgt durch das Unbewusste. Die bewusste Wahrnehmung ist somit nicht der Beginn des Wahrnehmungsprozesses, sondern das Ende. Zuvor hat das Unbewusste die riesige Datenmenge so weit reduziert, dass sie durch den Flaschenhals Bewusstsein passt.

Erblickt das Auge einen komplexen Gegenstand wie etwa einen Baum, vergleicht das Unbewusste dieses Bild mit ähnlichen, bereits gespeicherten Eindrücken und teilt das Ergebnis „Baum" dem Bewusstsein mit. Was wir also bewusst wahrnehmen, sind nicht konkrete Gegenstände, die riesige Datenmengen repräsentieren, sondern Symbole. Auf diese Weise finden wir uns trotz der Enge des Bewusstseins ganz gut zurecht und haben meist das Gefühl, über unsere Umwelt ausreichend informiert zu sein. Eine tolle Illusion, die Julian Jaynes so erklärt: *„Das Bewusstsein macht einen sehr viel geringeren Teil unseres Seelenlebens aus, als uns bewusst ist – weil wir kein Bewusstsein davon haben, wovon wir kein Bewusstsein haben."* (Zitiert nach Noerretranders, S. 257)

Wir nehmen nicht Gegenstände, sondern Symbole wahr.

Zum Teil beruht diese Illusion auch darauf, dass das Bewusstsein, um die Enge auszugleichen, blitzartig herumhüpft. Beobachten Sie sich einmal selbst. Eben haben Sie noch über den Sinn der Demokratie nachgedacht, da spüren Sie Hunger, überlegen, was Sie zu Mittag essen werden, ärgern sich über die gestiegenen Lebensmittelpreise usw. usw. Diese Sprunghaftigkeit des Bewusstseins ist einerseits eine tolle Leistung, andererseits auch ein Handicap, wenn es darum geht, mit der Aufmerksamkeit bei einer Sache zu bleiben. Diese Eigenart des Bewusstseins wird uns später noch beschäftigen.

Das Bewusstsein ist sprunghaft.

Aber selbst anscheinend total bewusste Prozesse laufen mit einem erheblichen unbewussten Anteil ab. Nehmen wir als einfachen Fall eine willkürliche Tätigkeit wie das Beugen eines Fingers. Das geschieht vollständig bewusst und willkürlich. Ich selbst bestimme den Zeitpunkt, an dem ich die Bewegung ausführe.

Hans Helmut Kornhuber, damals Dozent an der Universität Freiburg im Breisgau und sein damaliger Doktorats-Student Lüder Deecke machten im Jahre 1964 eine ganz wichtige

Das Bereitschaftspotenzial tritt bereits 0,8 Sekunden vor der Bewegung auf.

Entdeckung. Sie nahmen während einer solchen willkürlichen Bewegung Messungen mit dem EEG vor.[5] Dabei stellten sie fest, dass im Durchschnitt 0,8 Sekunden vor Beginn der Bewegung im Hirn ein sog. Bereitschaftspotenzial auftritt, das die eigentliche Bewegung vorbereitet. Es ist eine Art neuronaler Vorbote des Aktionsbefehls, denn die Bewegung kann ja nicht von Null beginnen. Von all dem merkt man aber nichts. In dem Augenblick, in dem man bewusst annimmt, mit der Bewegung zu beginnen, ist das Unbewusste bereits seit 0,8 Sekunden mit der Vorbereitung beschäftigt. Wer hat also begonnen, das Bewusstsein oder das Unbewusste?

Kein kleiner Chef im Hirn

Im Hirn sitzt, wie gesagt, kein kleiner Chef (oder kleine Chefin), der (die) sich alle einlangenden Informationen anschaut und dann auswählt. Das Hirn ist nicht hierarchisch geordnet und hat kein Zentrum. Es ist, so könnte man sagen, dezentral und demokratisch angelegt.
Wie wird nun bestimmt, was von der riesigen Datenmenge ins Bewusstsein kommt, wenn es keinen Chef gibt?
Selbstverständlich kann die Entscheidung nicht vom Bewusstsein getroffen werden, denn dann wäre es ja schon bewusst. Es ist ein Prozess, der dem Bewusstsein vorgelagert ist.

Das Unbewusste entscheidet, was bewusst wird, und es tut dies nach dem Prinzip „wichtig und neu".

Unwichtiges, gleichgültig ob neu oder bekannt, gelangt nicht oder nur sehr undeutlich ins Bewusstsein. Wird etwas als wichtig aber bekannt beurteilt, wird es verarbeitet wie bisher. Nur wenn etwas wichtig und neu ist, wird das Bewusstsein bemüht, wie z. B. beim Erlernen oder Ausführen neuer Bewegungen, beim Lösen schwieriger Probleme, bei der Planung komplexer Handlungen und natürlich in Situatio-

5 Die Elektro-Enzephalographie (EEG) misst Schwankungen der elektrischen Spannung an der Schädeldecke, die durch die elektrischen Signale bei der Aktivität der Nervenzellen im Gehirn entstehen.

nen, die als gefährlich eingeschätzt werden und mit Angst besetzt sind. Wir müssen darauf vertrauen, dass das Unbewusste in der Lage ist, diese Entscheidung zu unserem Wohl zu treffen. Eine solche Organisation des Gehirns ergibt insofern Sinn, als dadurch das energetisch „teure" und von der Kapazität her beschränkte Bewusstsein solchen Inhalten vorbehalten ist, die für das Zurechtfinden in der Außenwelt besonders wichtig sind. Man könnte diese Situation mit einem Unternehmen vergleichen: Die Mitarbeiter erledigen ihre Aufgaben selbsttätig. Erst wenn ein Problem auftritt, das sie noch nicht kennen, das besonders wichtig ist oder das für die eigene Arbeitsweise zu kompliziert ist, wird der Vorgesetzte eingeschaltet, dessen Zeit knapper und teurer ist.

Wir müssen darauf vertrauen, dass das Unbewusste die richtige Entscheidung trifft.

Diese Arbeitsteilung von Bewusstsein und Unbewusstem entspricht deren unterschiedlichen Arbeitsweisen. Das Unbewusste hat relativ gleichförmige, monotone Prozesse. Man kann sich, mit etwas kindlicher Fantasie, folgendes Gespräch unter Neuronen vorstellen, wenn ein Sinneseindruck das Unbewusste erreicht: „Was ist denn das? Anfrage an alle Speicher: Haben wir so etwas schon gehabt?" – „Ja, ja, reg dich wieder ab, das haben wir schon oft gehabt." – „Und was haben wir gemacht?" – „Na das, was wir in dem Fall immer tun." – „O.k., das machen wir dann wieder."

Die Stärke des Unbewussten liegt unter anderem darin, alle bisherigen Erfahrungen zu nützen. Es speichert sie, vergleicht sie mit anderen, bewertet sie emotional, automatisiert und harmonisiert unsere Bewegungen. Das Unbewusste ist, wie ein Hirnforscher es ausdrückte, die Fortsetzung des Vergangenen in die Zukunft.

Das Unbewusste ist die Fortsetzung des Vergangenen in die Zukunft.

Das Bewusstsein arbeitet ganz anders. Es steckt Ziele, kann dort eingreifen, wo keine Erfahrungen vorliegen, es kann Kontrolle ausüben, die Aufmerksamkeit auf einen bestimmten Aspekt lenken und das Ergebnis kritisch betrachten. Es ist nicht, oder nicht so sehr, an bisherige Erfahrungen gebunden. Es hat somit die Chance auf neue Lösungen und Fortschritt – aber auch auf Fehler.

Das Bewusstsein ist der Sitz der Disziplin.

Beim Erlernen des Golfschwunges, wie überhaupt bei Lernprozessen, hat das Bewusstsein wichtige Funktionen: Es zwingt zum Trainieren, denn es ist der Sitz der Disziplin, es

Die Tricks des Hirns

Wenn ein Reiz, z. B. der Anblick eines Gesichtes, auf unsere Netzhaut trifft, wird ein komplizierter Prozess in Gang gesetzt, an dessen Ende die bewusste Wahrnehmung steht (bzw. stehen kann): „Das ist ja Elvira, die ich schon lange treffen wollte." Vom Moment des Eintreffens des Sinnesreizes, wenn noch gar nicht klar ist, ob er jemals bewusst werden wird, bis zur bewussten Wahrnehmung sind in der Regel 0,5 bis 1,5 Sekunden vergangen. Dennoch haben wir nie den Eindruck, die Welt mit Verspätung wahrzunehmen. Das Hirn wendet hier einen Trick an, den Benjamin Libet, einer der bekanntesten Hirnforscher, entdeckte. Es datiert die bewusst gewordenen Reize zurück, sodass wir den Eindruck haben, sie unmittelbar wahrzunehmen. Am Ende unseres Lebens wird uns daher etwa eine Sekunde bewussten Erlebens fehlen. Reklamationen dürften aber sinnlos sein.
Wenn Sie sich allerdings auf einen Nagel setzen, ist es vorbei mit dem Trick. Sie warten nicht ab, bis Ihnen der Sinnesreiz als Schmerz bewusst geworden ist, sondern Sie fahren gleich hoch, ohne die Ursache zu kennen. Das Bewusstsein wird nachgeliefert.

erledigt die Handlungsplanung, steuert die Aufmerksamkeit und bewertet die Ergebnisse.

Das Ich-Bewusstsein

Bewusstsein und Ich-Bewusstsein hat der Mensch nicht von Geburt an.

Eine der wichtigsten Leistungen des Bewusstseins besteht darin, dass es sich ein Ich erschafft, ein Bewusstsein, dass ich ich bin. Jeder Mensch, sofern er keine Hirnschädigung aufweist, hat dieses Ich-Bewusstsein – er hat es allerdings nicht von Geburt an, sondern es entwickelt sich schrittweise in den ersten zwei Lebensjahren. Auch der Menschheit insgesamt ist es nicht in die Wiege gelegt worden, denn die Voraussetzung dafür ist Bewusstsein, und das ist, wie bereits ausgeführt, eine relativ späte „Erfindung".

Was ist es überhaupt, dieses Ich-Bewusstsein? Es setzt sich genau genommen aus verschiedenen Teilen zusammen. Ich habe ein Bewusstsein, dass ich es bin, der soeben diese Zeilen liest. Ich bin es, der sich Gedanken über das Gelesene macht, die Seiten umblättert oder das Buch weglegt. Ich nehme nicht nur wahr, fühle und handle, sondern ich weiß auch, dass ich es bin, der das tut. Ich kann mir gewissermaßen dabei zuschauen. Ich bin nicht nur Wahrnehmender, sondern ich nehme mich auch als Wahrnehmenden wahr. Ich bin mir bewusst, dass ich es bin, der in diesem Körper ist, dass ich hier und jetzt bin und nicht gleichzeitig in einer anderen Zeit oder an einem anderen Ort. Und ich bin derselbe, der ich gestern und vorgestern war. Und schließlich habe ich so etwas, wie ein ethisches Ich, ein Gewissen.

verschiedene „Iche"

Diese verschiedenen „Iche" sind im Gehirn auf mehrere Areale verteilt, werden aber im Bewusstsein zusammengeführt, sodass ich mich als ein Ich erlebe. Alle meine Gedanken, Gefühle und Wahrnehmungen erlebe ich als meine Bewusstseinszustände. Man könnte sagen, sie tragen alle das Etikett „ich".

Die wichtigste Funktion des Ich-Bewusstseins ist offensichtlich die der Abgrenzung. Das Ich entsteht dadurch, dass ich meine Erlebniswelt gegenüber der anderer Personen abgrenze und dadurch meine Identität schaffe. In dem Moment, in dem ein Mensch zum ersten Mal „ich" sagt, macht er die fundamentalste Trennung, die denkbar ist. Die Welt ist von nun an in „Ich" und „Nicht-Ich" unterteilt.

Ich-Bewusstsein teilt die Welt in Ich und Nicht-Ich ein.

Das Kind, das noch kein Ich-Bewusstsein hat, ist eins mit seiner Umwelt. Es kann zwischen Gegenständen, anderen Personen und sich selbst noch nicht unterscheiden. Eine Möglichkeit, zu überprüfen, wie weit ein Kind schon in der Lage ist, sich gegenüber der Umwelt abzugrenzen, besteht im „Mark-Test". Dabei platziert man dem Kleinkind, ohne dass es das merkt, einen Farbpunkt auf die Nase und beobachtet dann, ob es, wenn man ihm einen Spiegel vorhält, versucht, sich selbst oder dem Spiegelbild den Klecks abzuwischen. Wenn es an der eigenen Nase rubbelt, kann man daraus schließen, dass es zwischen sich und dem Spiegelbild bereits unterscheiden kann – ein wichtiger Schritt zur Entwicklung

Mark-Test

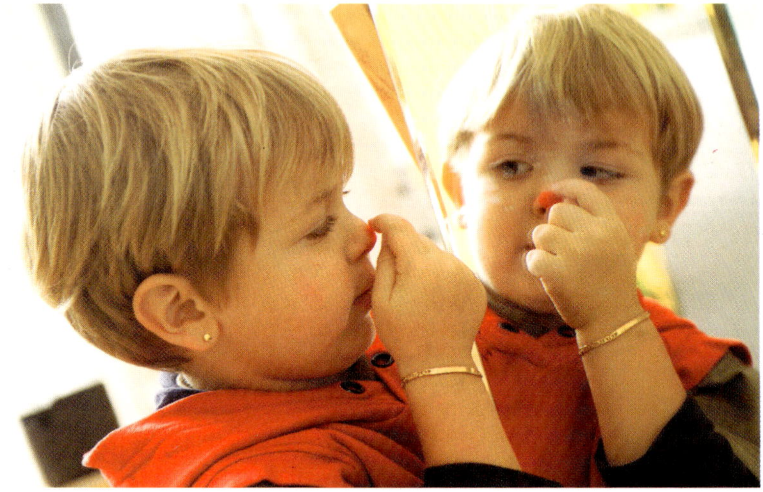

Mark-Test. Wenn das Kind sich selbst den Farbfleck abwischt und nicht dem Spiegelbild, gilt das als Nachweis für Ich-Bewusstsein

von Ich-Bewusstsein. Diesen Mark-Test bestehen im Übrigen auch Menschenaffen und Delfine.

Ein starkes Ich sucht nicht ständig nach Bestätigung.

Ein Ich zu haben ist, wie wir es schon beim Bewusstsein festgestellt haben, offensichtlich ein Vorteil, denn es hat sich in der Evolution durchgesetzt. Allerdings scheint die Menschheit der westlichen Welt eher unter einer Ego-Überbewertung zu leiden. Dabei ist mit einer verbreiteten Fehleinschätzung aufzuräumen. Viele meinen, dass es sich bei Leuten, die ständig ihr Ego hervorkehren, um besonders Ich-starke Persönlichkeiten handelt. Das Gegenteil ist der Fall. Ein Ich, das ständig nach Bestätigung sucht, ist kein starkes Ich. Man muss nur das beweisen, woran man zweifelt. Wer einen Tobsuchtsanfall bekommt, wenn der Kellner einen später gekommenen Gast vor ihm bedient, wer verstimmt ist, wenn er nicht mit seinem Titel angeredet wird, wer sein Ego durch Renommierverhalten, Statussymbole oder Umgang mit prominenten Personen aufmöbeln muss, verfügt in Wahrheit über ein schwaches Ich. Der ständige Hunger nach Bestätigung ist eben nichts anderes als der Hinweis auf einen Mangel.

Das Ich-Bewusstsein hatte und hat nicht zu allen Zeiten und in allen Kulturen die gleiche Bedeutung. Mit Blick auf unsere westliche Gesellschaft gewinnt man den Eindruck, dass dieser evolutionäre „Erfolgsfaktor Ich" übertrieben wird und möglicherweise auch zu Nachteilen führt.[6] Wir leben in einer Ich-Zeit und in einer Ich-Region. Wir in unserer Kultur haben ein Leben lang unser Ich trainiert, gehätschelt und zu einem übermächtigen Popanz entwickelt. Unser Leben ist im Beruf, in der Partnerschaft, selbst im Umgang mit Menschen, die wir nicht oder kaum kennen, durchsetzt mit Ego-Spielen.

im Westen Überbewertung des Egos

Die westliche Industriegesellschaft bildet ihre Mitglieder zu Einzelkämpfern aus. Konkurrenzverhalten und Besser-sein-Wollen liegen zwar in der Natur des Menschen, durch unsere gesellschaftlichen Belohnungssysteme werden diese Eigenschaften jedoch zu Egoismus und Rücksichtslosigkeit pervertiert. Das Wir zählt nichts, das Ich ist alles.

im Osten eher Gefahr unreflektierten kollektiven Bewusstseins

In anderen Kulturen, wie zum Beispiel in der chinesischen, ist dies durchaus anders. Während bei uns als negative Auswirkung ausgeprägter Egoismus vorherrscht, besteht im Osten eher die Gefahr eines unreflektierten kollektiven Bewusstseins.

Wenn das Ego auf dem Spiel steht, ist Druck angesagt.

Was das Ganze mit Golf zu tun hat? Eine ganze Menge. Ein Ich, das ständig nach Bestätigung sucht, wird das auch in diesem Sport tun. Bei Erfolgen wird es aufgebläht, bei Misserfolgen hingegen leidet es. Wenn also das Ego beim Golfschlag auf dem Spiel steht, ist Druck angesagt. Der Golfschlag wird zu einem Instrument der Ich-Bestätigung. Vorbei ist es mit einer selbstverständlichen Ausführung dieser Bewegung aus dem Unbewussten. Es signalisiert: „Gefahr in

6 Man könnte kritisch anmerken, dass sich Bewusstsein und Ich-Bewusstsein nur vorläufig evolutionär durchgesetzt haben. Vielleicht bewähren sich diese Errungenschaften gar nicht. Derzeit scheint es so, als wären Gesellschaften mit überentwickeltem Ego im Vorteil, denn sie verfügen über bessere Technologien, einen Überschuss an Produkten und volle Waffenarsenale. Vielleicht aber ist der Ego-Mensch einem Hirsch mit überdimensionalem Geweih vergleichbar, der sich nicht mehr verteidigen und durch den Wald laufen kann. Es ist also möglich, dass ein Übermaß an Ich-Bewusstsein eine Fehlentwicklung ist. Die Evolution wird es klären.

Verzug, das Ich ist bedroht!" und schon rückt das Bewusstsein aus, um in dieser wichtigen Situation einzugreifen – und dadurch die Bewegungsausführung zu stören.
Wenn das Ego im Golf eine so wichtige Rolle spielt, wenn mangelnde Performance ihre Ursache häufig in der Angst hat, das Ich könnte Schaden nehmen, wäre es da nicht besser, hier anzusetzen, zu lernen, sich selber und den verdammten Golfscore nicht so wichtig zu nehmen? Das wäre in der Tat ein toller und viel versprechender Weg. Aber ob er für uns, in unserer westlichen Kultur, mit unseren Lebens- und Arbeitsgewohnheiten auch gangbar ist, muss ernsthaft in Zweifel gezogen werden. Ich-los zu werden ist ein hoch gestecktes Ziel im Buddhismus, das vielleicht nach jahrzehntelangem Üben erreicht werden kann.

Nur bewusstes Erleben und Handeln wird dem Ich zugerechnet.

Eine weitere Abgrenzung, die das Ich-Bewusstsein vornimmt, geschieht gegenüber einem Teil von uns selbst, gegenüber unserem Unbewussten. Nur das, was sich im Bewusstsein ereignet, wird dem Ich zugerechnet. Unbewusste Vorgänge, so sehr sie auch unser Verhalten beeinflussen, bleiben uns fremd und werden häufig nicht als Teil unseres Ichs akzeptiert. Auch unsere gesellschaftlichen Institutionen nehmen meist nur unser Bewusstsein mit seinem Faktenwissen wahr. So ist es auch in der Schule. Implizites Wissen (siehe folgendes Kapitel) wird, außer im Sport und bei künstlerischen Tätigkeiten, nicht nachgefragt und nicht gewürdigt. Sie kennen vielleicht den netten Witz vom Schüler der ersten Klasse, den der Lehrer fragt, indem er auf das „i" zeigt, wie dieser Buchstabe hieße. Und der Schüler sagt treuherzig: „Vom Sehen kenne ich ihn schon, nur wie er heißt, weiß ich nicht." Worüber wir hier schmunzeln, ist die für den Schüler traurige Tatsache, dass sein implizites Wissen, seine Vertrautheit mit dem i, seine emotionale Bewertung des Buchstaben nichts wert sind. Nur die Bezeichnung interessiert.
Auch der Verkehrsrichter fragt: „Haben Sie den Fußgänger gesehen oder nicht?" Ob der Angeklagte den Fußgänger unbewusst wahrgenommen und auf ihn reagiert hat, interessiert ihn nicht. Wenn wir instinktiv tolle Dinge tun, versuchen wir nachher gern, sie als das Ergebnis bewusster Überlegungen und logischen Kalküls darzustellen.

Obwohl das Unbewusste nicht direkt erlebbar ist, sondern nur in seinen Auswirkungen auf unsere Handlungen und Gefühle, wäre es wichtig, es in unser Ich zu integrieren, sodass wir in gutem Einvernehmen mit ihm leben können.
Die Ausgemeindung des Unbewussten aus dem Ich bedeutet eine Geringschätzung des Spontanen und Intuitiven, des Unkontrollierbaren, des Widersprüchlichen und des Nicht-Sagbaren. Und damit würde ein wesentlicher Teil des Menschen, vielleicht der wesentlichste, vernachlässigt werden. *„Der Mensch ist ein denkendes Wesen, aber seine großen Werke werden vollbracht, wenn er nicht rechnet und denkt“*, sagt Daisetz T. Suzuki, ein großer Zen-Meister. Nach seinen Worten wird das Bogenschießen nicht nur geübt, um die Scheibe zu treffen und das Schwert nicht geschwungen, um den Gegner niederzuwerfen, und, so ergänze ich, der Golfschwung nicht ausgeführt, um ein Ziel zu erreichen, sondern um das Bewusstsein dem Unbewussten anzugleichen. *„Um wirklich Meister (...) zu sein, genügt technische Kenntnis nicht. Die Technik muß überschritten werden, so daß das Können zu einer ‚nicht gekonnten Kunst‘ wird, die aus dem Unbewußten erwächst.“* (Herrigel, S. 7)

die Angleichung des Bewusstseins an das Unbewusste

Managen wie die Golfer

Das ist eigentlich kein Kapitel für Golfer, und Sie können es daher getrost überblättern. Ich habe es eingefügt, um zu zeigen, dass sich die Prinzipien, die für erfolgreiches Golfspiel gelten, auch gewinnbringend bei Managementaufgaben anwenden lassen.

Es ist eine spannende Situation: Das Bewusstsein muss erkennen, dass es auf das Funktionieren einer anderen Instanz, nämlich des Unbewussten, angewiesen ist, dessen Prozesse es nicht wahrnehmen und verstehen kann und die sich nur durch ihre Ergebnisse mitteilen. Das Bewusstsein kann das Unbewusste kaum kontrollieren oder steuern und es hat daher meist nur die Chance, ihm zu vertrauen, dass es schon richtig „tickt".
Das Kleinkind, das noch über kein Bewusstsein verfügt, hat bzw. braucht dieses Vertrauen nicht, denn es besitzt noch keine Instanz, in der Selbstzweifel entstehen könnten. Es ist einfach eins mit sich selbst und ein Gedanke wie: „Hoffentlich gelingt mir das auch" kann gar nicht auftauchen. Es gibt noch keine Absicht, etwas zu tun, auch keinen Handlungsplan, nur die Handlung selbst. Erst mit der Entwicklung des Bewusstseins haben wir auch ein Bewusstsein davon, dass wir in einem wesentlichen Teil des Handelns und, wie Untersuchungen zeigen, auch des Denkens, auf unbewusst ablaufende Prozesse angewiesen sind. Ab diesem Zeitpunkt wird Selbstvertrauen, d. h. das Vertrauen des bewussten Ichs, dass die Prozesse des Unbewussten schon richtig ablaufen, zu einem ganz wichtigen Faktor.

So geht es uns nicht nur mit dem eigenen Unbewussten, so läuft es auch zwischen uns und unserer Umgebung. In unserer technisierten Welt werden dem Menschen immer mehr Entscheidungen abgenommen. In Zukunft wird immer häufiger die Maxime gelten, dass sich der Mensch mit seinem bewussten Handeln aus vielen Abläufen heraushalten soll, da diese ohne ihn besser funktionieren.

Wir hantieren mit der größten Selbstverständlichkeit mit Maschinen und Geräten, deren Funktion wir nicht verstehen. Wir sind ständig in komplexe, automatisierte Systeme eingebunden, in denen wir bestenfalls als Risikofaktoren oder Spielverderber auftreten können. Wenn wir zum Beispiel eine Flugreise unternehmen, begeben wir uns in ein logistisches System gewaltigen Ausmaßes und können nur hoffen, dass alles richtig funktioniert. Allein, dass Ihr Koffer gemeinsam mit Ihnen ankommt, ist eine logistische Meisterleistung.
Ein Zukunftsforscher sagte auf die Frage, wie ein Flugzeugcockpit der Zukunft aussehen und welche Aufgabe der Pilot haben werde: „Er füttert einen Hund, der aufmerksam darüber wacht, dass er keines der Instrumente berührt." Ein wunderbares Bild. Übertragen auf das Golfspiel würde das bedeuten: Füttere den Hund (die Wachheit), damit er das Bewusstsein daran hindert, in Prozesse (den Golfschwung) einzugreifen, von denen es nichts versteht.

Bleiben wir beim Bild des Golfers, der seinen gut geübten Schwung abrufen will. Er steht vor der Herausforderung, seinem Unbewussten, das er nur, wenn überhaupt, sehr eingeschränkt kontrollieren kann, zu vertrauen. Er fühlt sich für das Ergebnis verantwortlich, ist aber auf das Funktionieren von Prozessen angewiesen, die ohne seine Eingriffsmöglichkeit ablaufen. Vor der genau gleichen Situation steht die Führungskraft, der Manager, sei es der Leiter eines Unternehmens oder einer Abteilung, der Chef einer Truppe, der Trainer oder Coach einer Mannschaft, der Dirigent eines Orchesters oder der Regisseur eines Ensembles. Seine Aufgabe besteht darin, gemeinsam mit vielen ein gutes Ergebnis zu erzielen.

Das Bewusstsein ist auf das Unbewusste angewiesen, wie der Manager auf seine Mitarbeiter.

Machen Sie nun mit mir folgendes Gedankenexperiment: Vergleichen Sie das Bewusstsein des Golfers mit einer Führungskraft und sein Unbewusstes mit den Mitarbeitern. (Selbstverständlich besteht auch jedes der Individuen aus Bewusstsein und Unbewusstem.) Beide Instanzen sind aufeinander angewiesen, wenngleich mit einer Einschränkung: Der Mensch ist ohne Bewusstsein lebensfähig, nicht aber ohne seine unbewussten Funktionen. Allerdings würde es sich dann um eine primitivere Lebensform handeln. Auf der Seite

Der Mensch ist auch ohne Bewusstsein lebensfähig.

Ein Orchester kann auch ohne Dirigenten spielen.

des Managements ist es ähnlich: Der Dirigent ohne Orchester ist nichts, während ein Orchester auch ohne Dirigenten spielen könnte, wenngleich die Qualität erheblich leiden würde. Auch eine Fußballmannschaft könnte durchaus einen kurzzeitigen Ausfall des Trainers verkraften, eine längere Abwesenheit würde aber dazu führen, dass das Training vernachlässigt wird, die Spieltaktik verkümmert, Raumaufteilung und Aufgabenzuordnung chaotisch werden.

Weniger Ego

Im Golf, haben wir gefunden, ist zu viel Ego schädlich für die Leistung, denn es erhöht den Druck und führt dazu, dass der Spieler versucht, die Bewegung bewusst zu steuern. Das Ergebnis ist schwache Performance. Und wie ist es bei Führungspersönlichkeiten? Müssen sich diese nicht gerade dadurch auszeichnen, dass sie von sich überzeugt sind und Durchsetzungsvermögen haben? Sind es nicht die starken Führungspersönlichkeiten, die aus einem Team, einem Unternehmen, einem Orchester, einem Ensemble die besten Leistungen herausholen?

Jim Collins, ein amerikanischer Wirtschaftsforscher, führte mit einem Team von Wissenschaftlern eine aufwändige Studie durch. Sie interessierten sich für die Frage, worin sich gute von großartigen Unternehmen unterscheiden. Es ging also nicht darum, was gute Unternehmen anders machen als erfolglose, sondern darum, was solche Firmen auszeichnet, die von einem hohen Level noch einmal abheben und die Konkurrenz überflügeln, sog. „Take-off-Unternehmen". Aus einer Liste von 1435 börsenotierten Top-Unternehmen blieben schließlich elf übrig, die den Sprung von einem guten Ergebnis zu einem Spitzenresultat schafften und dies mindestens 15 Jahre lang halten konnten. Diese Firmen wurden mit einer Kontrollgruppe von ebenfalls guten Unternehmen verglichen, denen aber der Sprung nicht oder nur kurzzeitig gelang und die das Niveau nicht halten konnten.

Sie fanden eine Reihe von Erfolgsfaktoren. Als einer der wichtigsten erwies sich die Managerpersönlichkeit. Zweifellos hatten auch die Unternehmen der Kontrollgruppe gute Manager, aber die der Take-off-Unternehmen zeichneten sich durch eine besondere Persönlichkeitsstruktur aus: Sie ist geprägt durch berufliche Entschlossenheit bei persönlicher Bescheidenheit. Der Manager mit diesen Führungsqualitäten stellt den Ehrgeiz in den Dienst des Unternehmens, nicht des Egos. Er ist nicht der charismatische Führer vom Typ eines Lee Iacocca, der Chrysler zunächst vor einer Katastrophe rettete und einen der meistbeachteten Turnarounds der amerikanischen Wirtschaftsgeschichte schaffte, dann aber seine Energie darauf verwandte, selbst zur gefeierten Ikone zu werden. In dieser Zeit fiel das Unternehmen wieder hinter die durchschnittliche Entwicklung der Aktienkurse der Branche zurück. Leute wie er zelebrieren sich selbst und stellen nicht den Erfolg des Unternehmens in den Mittelpunkt. Star-Manager, die von außen geholt wurden, schnitten laut Jim Collins nicht gut ab. Zehn von elf Take-off-Firmenchefs stammten aus dem Unternehmen selbst, Unternehmen der Kontrollgruppe holten sich sechsmal öfter firmenfremde Chefs mit klingenden Namen.

ideale Managerpersönlichkeit: berufliche Entschlossenheit bei persönlicher Bescheidenheit

Absage an charismatische Führer

Um zur eingangs gestellten Frage zur Bedeutung einer Führungspersönlichkeit für den Erfolg eines Unternehmens, eines Teams, eines Orchesters oder eines Ensembles zurückzukehren, könnte man nach den Erkenntnissen von Jim Collins sagen: Personen sind wichtig, aber es müssen solche sein, denen die eigene Person nicht wichtig ist. Damit wird der Unterschied zwischen Ich-Stärke, die im Dienst des Gesamtergebnisses steht und Spielen, bei denen es nur um die Befriedigung des Egos geht, deutlich gemacht. Ego-Spiele beim Golfer schaden dem Schwung, im Falle der Teamführung dem gemeinsamen Ergebnis.

Führungspersonen sind wichtig, sie sollen sich aber nicht wichtig nehmen.

Diesen Punkt spricht auch der aus Österreich stammende und in der Schweiz tätige Managementberater Fredmund Malik an, wenn er schreibt: *„Selbst die einfachsten Menschen merken, wofür sich Manager einsetzen. Es gibt keine größere Demotivation, als zu sehen, dass persönlicher Egoismus und nicht das Wohl des Unternehmens im Zentrum steht. Es wird solchen Managern daher auch nicht möglich sein, jene Leistungsreserven zu mobilisieren, die nötig sind, um Produktivität zu verbessern, Kundennutzen zu maximieren und im globalen Wettbewerb zu bestehen.“* (S. 158)

So wie die Mitarbeiter keine Lust haben, sich für unmoralisch hohe Gehälter und die öffentliche Darstellung der Spitzenmanager zu engagieren, ist möglicherweise das Unbewusste des Golfers oder irgendeiner Person, die eine besondere Leistung erbringen will, nicht bereit, der Glorifizierung des eigenen Egos zu dienen.

Auch in diesem Fall muss es um Ziele gehen, die beide, Bewusstsein und Unbewusstes, akzeptieren und anstreben.

Orchester sucht Dirigenten

In einem wesentlichen Punkt hinkt der Vergleich zwischen dem Golfer mit seinen bewussten und unbewussten Anteilen einerseits und einem Unternehmen mit einer Führungspersönlichkeit andererseits: Orchester spielen mit verschiedenen Dirigenten und in unterschiedlichen Besetzungen, Teams tauschen ihre Trainer und Leistungsträger, Anheuern und Feuern sowohl an der Spitze, als auch auf unteren Ebenen gehört zum Unternehmensalltag. Die richtigen Leute an die richtigen Positionen zu setzen ist daher eine wichtige Managementaufgabe. Im Falle des Gehirns fällt das Auswechseln hingegen aus. Bewusstsein und Unbewusstes gehören ein Leben lang auf Gedeih und Verderb zusammen.

Bewusstsein und Unbewusstes gehören ein Leben lang zusammen.

Bleiben wir einen Augenblick beim Beispiel des Orchesters. Man kann, um die Qualität zu verbessern, dieses an verschiedenen Positionen neu besetzen, oder man kann auch einen neuen Dirigenten bestellen. Während eines Konzertes aber sind Musiker und Kapellmeister aufeinander angewiesen. Ein Wechsel ist nicht mehr möglich. Ein besonders schönes Beispiel sind die Wiener Philharmoniker. Es hat sich eingebürgert, dass das Neujahrskonzert von einem Dirigenten ihrer Wahl geleitet wird. Die Begegnung eines so traditionellen Orchesters mit einer Dirigentenpersönlichkeit für ein Konzert hat einen besonderen Reiz und schuf schon wunderbare musikalische Ereignisse. Kein Wunder, dass dieses Konzert Jahr für Jahr in die ganze Welt übertragen wird. Nach dem Verklingen des Radetzkymarsches, mit dem das Neujahrskonzert traditionell beendet wird, können die Musiker überlegen, welchen Leiter sie im nächsten Jahr einladen. Ab dieser

Entscheidung aber sind Dirigent und Orchester für das Projekt „Neujahrskonzert" aufeinander angewiesen.

Gleichgültig, ob Auswechslungen prinzipiell möglich sind oder nicht: Es gibt immer den Moment, ab dem es darauf ankommt, mit den vorhandenen Ressourcen das beste Ergebnis zu erzielen. Irgendwann sind die Projekte mit einem bestimmten Team auf Schiene, irgendwann geht der Vorhang auf, wird das Spiel angepfiffen, ertönt der Gong. Dann sind die Eingriffsmöglichkeiten des Chefs, des Dirigenten oder des Coaches nur noch gering. Die Situation des Golfers vor dem Schlag, wenn die Initiative vom Bewusstsein an das Unbewusste übergeben wird, die Offline-Phase beendet ist und die Online-Phase beginnt, ist erreicht. Die Tugend, die nun zum Tragen kommt, heißt Vertrauen. Vertrauen in das Unbewusste im Fall des Golfers, Vertrauen in die Gruppe im Fall des Managements.

Für die Zuschauer ist es recht eindrucksvoll, wenn der Dirigent mit Körpereinsatz und dynamischen oder verklärten Bewegungen den Eindruck erweckt, in diesem Moment das Musikwerk entstehen zu lassen und das Letzte aus dem Orchester herauszuholen. Tatsächlich aber ist die wesentliche Arbeit des Dirigenten bereits vor der Aufführung erledigt. Er kann beim Konzert aus dem Orchester nichts herausholen, was nicht in gemeinsamer Arbeit vorher hineingelegt worden ist.

Die wesentliche Arbeit des Dirigenten liegt vor der Aufführung.

Klare Aufgabenverteilung, gute Zusammenarbeit

Was leistet das Bewusstsein beim Golfschwung? Die entscheidenden Leistungen dieser Instanz werden vor und nach dem Golfschwung erbracht. Das Unbewusste würde nie auf die Idee kommen, sich stundenlang hinzustellen, um einen Schlag zu üben und an der Bewegung zu feilen. Dazu bedarf es des Bewusstseins. Es ist, wie schon ausgeführt, der Sitz der Disziplin. Es hält zum Training an, ist kritisch und beharrlich. Wir brauchen das Bewusstsein auch, um Situationen zu analysieren, Ziele zu definieren und Strategien zu entwickeln. Nach dem Schlag hat es die Aufgabe, das Ergebnis zu beurteilen und die Ursachen von Soll-Abweichungen fest-

Arbeitsteilung von Bewusstsein und Unbewusstem

zustellen. Während des Schlages aber soll es sich aus den Prozessen der Schlagausführung heraushalten, damit das Unbewusste das, was durch Training gespeichert wurde, abrufen kann und damit selbstregulierende Prozesse, die auch bei Abweichungen von Bewegungsdetails für ein gutes Gesamtergebnis sorgen, ablaufen können.

Arbeitsteilung von Management und Mitarbeitern

Und im Management? Sie können alles, was an Aufgaben des Bewusstseins beim Golfschwung aufgelistet wurde, auf die Führungsperson übertragen. Probleme resultieren hier wie dort daraus, dass die Aufgabenverteilung verschoben wird. Der Kardinalfehler sowohl beim Golf als auch im Management besteht aus dieser Sicht darin, dass das Bewusstsein bzw. die Führungsperson in Prozesse eingreift, die sie nichts angehen und die ohne diese Eingriffe besser laufen.

Gute Manager geben Ziele vor, schlechte kümmern sich um Durchführungsbestimmungen.

Das – wohlgemerkt unnötige – Eingreifen in die Abläufe, die in der Eigenverantwortung der Mitarbeiter liegen sollten und dort gut aufgehoben sind, hat eine Reihe von negativen Auswirkungen:

- Störung der Automatik der Abläufe
- Unterbinden der Selbstregulierung
- Lähmung der Eigeninitiative
- Verlust des Selbstvertrauens
- Scheu, Verantwortung zu übernehmen
- Verringerung der Motivation
- und schließlich: schlechte Ergebnisse

Ziele anstreben oder Fehler vermeiden?

Das Verhalten von Mitarbeitern unter einer solchen Führungspersönlichkeit ist geprägt von dem Bemühen, Fehler zu vermeiden und nicht, Ziele zu erreichen und Probleme zu lösen und dabei das eigene Potenzial zu nutzen. Dass die Abläufe bei den Mitarbeitern in guten Händen sind, zeigt sich unter anderem darin, dass Vorschläge zur Verbesserung in der Regel von „unten" kommen.

Umgekehrt soll aber auch nicht das Unbewusste Ziele definieren, Strategien festlegen oder Situationen bewerten, denn dafür eignet es sich nicht besonders. Es ist in seinen Prozessen vergangenheitsorientiert und überträgt alte Erfahrungen auf neue Situationen. Darin liegt sein Vorteil – aber unter Umständen auch sein Nachteil. Denn wenn es um neue Ziele geht, die außerhalb des Gewohnten liegen, braucht man das Bewusstsein. Das Unbewusste ist von Neuem nur schwer zu begeistern und macht stattdessen lieber das, was es schon immer gemacht hat. Auch in der Beurteilung von Situationen ist es eher ein schlechter Ratgeber, denn es bewertet emotional. Nach einer solchen schnellen Erstbewertung aus dem Unbewussten ergibt sich für das Bewusstsein die Chance zu einer distanzierten, rationalen Zweitbewertung. So viel Zeit muss sein, sowohl im Golf, als auch im Management.

Bewusstsein fordert das Unbewusste, wie Führungsperson die Mitarbeiter.

Das Bewusstsein hat für das Unbewusste immer etwas Forderndes. Und genau so ist es zwischen Führungsperson und Mitarbeitern. Ist allerdings die Diskrepanz zwischen dem, was das Bewusstsein/die Führungsperson will und dem, was das Unbewusste/die Mitarbeiter zu akzeptieren bereit sind, zu groß, dann kann es schon passieren, dass Unbewusstes bzw. Mitarbeiter opponieren. Die Ziele werden zwar vom Bewusstsein festgelegt, aber sie müssen vom Unbewussten akzeptiert werden.

Im Management ist es nicht anders: Die Führung gibt ein Ziel vor und die Mitarbeiter müssen es leben. Wenn sie es nicht wirklich akzeptieren, hilft auch kein Corporate Design und keine niedergeschriebene Unternehmensphilosophie. Sie muss in den Köpfen sein, genauer: im Unbewussten.

Kontrolle oder Vertrauen?

Von der Tendenz des Bewusstseins, Handlungen kontrollieren zu wollen, die besser unbewusst ablaufen, war bereits ausführlich die Rede. Auch davon, dass dieses Phänomen dann bevorzugt auftritt, wenn das Ego nach Bestätigung sucht, oder wenn es in Gefahr ist, Schaden zu nehmen.

Ego-lastige Manager forcieren Disziplin und Kontrolle.

Im Management ist es nicht anders. Ego-lastige Manager neigen dazu, dem Unternehmen, dem Team, dem Orchester ihren Stempel aufzudrücken. Sie übertreiben Disziplin und Kontrolle und bekommen dadurch von den Mitarbeitern weniger, als diese zu geben in der Lage wären. Sicherlich geht

es nicht ohne Disziplin, das ist eine Binsenweisheit, aber eine Gewichtung, die in Richtung Tyrannei geht, schränkt den Freiraum der Mitarbeiter über Gebühr ein.
Ein Kontrollsystem orientiert sich immer an Verhaltensweisen der Mitarbeiter, die deren bewusster Steuerung zugänglich sind. Der Vorgesetzte kann Pünktlichkeit, Genauigkeit, Einhaltung der Abläufe etc. verlangen. Der Fußballtrainer kann Einsatz und taktische Disziplin anordnen, aber nicht geniale Spielzüge oder Torinstinkt. Die Kontrolle kommuniziert nur mit den Ressourcen der Mitarbeiter, die vom Bewusstsein gesteuert werden können, die unbewussten Ressourcen werden damit aber nicht angesprochen und bleiben ungenutzt. Schlechte Trainer oder solche, die unter Druck sind, konzentrieren sich auf Kondition, Anstrengungsbereitschaft und taktisches Verhalten, insbesondere in der Defensive. Gute Trainer bzw. Manager schaffen die Voraussetzungen, dass sich Kreativität und Selbstregulierung der Mannschaft bzw. der Mitarbeiter entwickeln können. Das heißt:

Der gute Manager, Coach, Dirigent, Regisseur will an die unbewussten Ressourcen seiner Mitarbeiter herankommen und verbaut sich diesen Zugang nicht durch Überreglementierung.

Der Teamleiter, der sagt: „Ich habe meine Leute im Griff" sollte sich einmal überlegen, was er wirklich im Griff hat. Und was ihm gerade dadurch entgeht.

Das Glück ermöglichen

Die Illusion, alles kontrollieren zu können und das Bedürfnis, dies auch zu versuchen, schaffen weder im Golf noch im Management gute Ergebnisse. Erfolgreiche Golfer vertrauen ihrem Unbewussten, erfolgreiche Manager bauen auf ihre Mitarbeiter. Es kommt aber noch etwas Weiteres hinzu. Eines der überraschendsten (aber eigentlich logischen) Ergebnisse der Untersuchungen von Jim Collins besteht darin, dass die Manager der Take-off-Unternehmen den Erfolg zu einem guten Teil dem Glück zuschreiben. Ich glaube nicht, dass diese Aussagen der Koketterie dieser gefeierten Manager entspringt. Es ist vielmehr die Überzeugung, dass man zwar seinen Teil beitragen muss, der Erfolg aber immer auch Zufall ist. Zufall in dem Sinn, dass er demjenigen zufällt, der einige Dinge richtig macht. Ganz ähnlich sehen es erfolgreiche Golfer, wie zum Beispiel Gary Player, von dem der viel zitierte Spruch stammt: *„Je mehr ich trainiere, desto mehr Glück habe ich auf der Runde."*

Erfolg ist immer auch Zufall.

Bewusstes und unbewusstes Lernen

Die Entdeckung des impliziten Lernens

Welches ist der höchste Berg der Schweiz? Wer gewann 2004 den Literaturnobelpreis? Wann wurde Mozart geboren? Wann ist der Geburtstag Ihrer Ehefrau (Ihres Ehemannes)? Mit solchen Fragen wird üblicherweise Wissen gecheckt. Wie beim Quiz. Der Kandidat/die Kandidatin weiß es oder weiß es nicht. Mit dieser Art von Wissen werden wir tagtäglich überschüttet. Unser Kopf ist voll davon. Damit uns dieses Wissen zur Verfügung steht, muss es im Langzeitgedächtnis abgespeichert werden. Und dort nagt der Zahn des Vergessens, manchmal leider, wenn uns ein Name oder ein Ereignis nicht und nicht einfallen will, im Prinzip aber Gott sei Dank, denn ohne Vergessen wäre unser Kopf noch mehr angefüllt mit sinnlosen Informationen. Um solches Wissen, also Faktenwissen, erwerben zu können, benötigt man bewusste Hinwendung, bewusste Aufmerksamkeit. Man lernt es nicht nebenbei oder im Schlaf.

Erwerb von Faktenwissen mit bewusster Aufmerksamkeit

Aber es gibt noch eine andere Art des Wissens, die völlig anders funktioniert. Es ist ein Wissen, das dem Bewusstsein nicht zugänglich ist und das auch kein Bewusstsein braucht, um erworben zu werden. Es wird als implizites Wissen bezeichnet. Obwohl diese Art des „Wissens" (das man eigentlich mit Anführungszeichen versehen muss) unser Leben ganz wesentlich beeinflusst, wahrscheinlich mehr, als das bewusste, explizite Wissen, wurde es erst vor relativ kurzer Zeit wissenschaftlich nachgewiesen.

Implizites Lernen funktioniert ohne Bewusstsein

Es war eine gewaltige Überraschung, als man entdeckte, dass auch Menschen, die überhaupt kein bewusstes Erinnerungsvermögen haben, lernen können. Der amerikanische Psychologe Daniel Schacter beschreibt ein Experiment mit einer Frau, die unter totalem Gedächtnisverlust (Amnesie) litt. Sie lernte trotzdem, am Computer zu arbeiten, behauptete aber jedes Mal, wenn sie sich wieder davor setzte, ein solches Gerät noch nie gesehen zu haben.

Zugegeben, es gibt Tage, an denen man ins Büro kommt, sich an den Schreibtisch setzt und das Gefühl hat, diesen

Experimente zum impliziten Lernen

Lazarus und McCleary (1949) zeigten einer Testperson eine große Anzahl sinnloser Silben. Bei der Präsentation von manchen dieser Silben erfolgte ein elektrischer Schlag. Nach einiger Zeit konnte man, wenn man der Person eine dieser Silben zeigte, an ihrem Verhalten erkennen, dass sie einen Stromschlag erwartete. Auf Befragen war sie aber nicht in der Lage, die betreffenden Silben zu nennen. Sie hatte sich aus der bestehenden Regelhaftigkeit (Zuordnung von Silben und Stromschlag) ein implizites Wissen angeeignet, das sich zwar im Verhalten äußerte, dem Bewusstsein jedoch nicht zugänglich war.

Eriksen und Kuethe setzten Testpersonen einem Stromschlag aus, wenn sie zufällig Assoziationen zu bestimmten Wörtern äußerten. Diese wussten allerdings nicht, um welche „Schockwörter" es sich handelte, sie lernten aber bald, solche Assoziationen zu meiden, um dem Stromstoß zu entgehen. Auf Befragen konnten sie nicht angeben, dass sie das taten.

Job noch nie gemacht zu haben. Aber das ist eine andere Geschichte.

Schacter und sein Kollege Tulving, die Pioniere des impliziten Lernens, fanden, dass auch gesunde Menschen über diesen „anderen" Gedächtnistyp verfügen. Diesen spannenden Moment beschreibt Schacter so: *„Wir fühlten uns wie Astronomen, die einen neuen Stern oder eine ganze Galaxie entdeckt haben: Plötzlich steht dem Forscherdrang eine ganze neue Welt von Möglichkeiten offen."* (S. 272)

implizites Wissen: dem Bewusstsein nicht zugänglich, beeinflusst aber unser Verhalten

Es gibt also ein „Wissen", das unserem Bewusstsein nicht zugänglich ist, das aber unser Verhalten beeinflusst. Mit unserem impliziten Wissen wären wir grundsätzlich überlebensfähig, allerdings könnten wir uns damit in unserer komplexen Welt nicht zurechtfinden, wenn wir auf uns allein gestellt wären. Dazu brauchen wir auch Faktenwissen. Wir müssen

resistent gegen Vergessen

Zusammenhänge kennen und zuverlässig abrufen können, damit richtige Entscheidungen und angepasstes Verhalten möglich werden. Implizites Lernen ist aber möglicherweise so etwas wie die Urform des Lernens. Der Vorteil dieser Lernform besteht darin, dass sie resistenter gegen Vergessen ist. Sie mögen die Abschlagzeit vergessen haben oder sich nicht mehr erinnern können, wo Sie das verdammte >*Pitching Wedge* gelassen haben, aber Sie können sicher sein: Der Golfschwung ist da, er ist in ihrem Kopf gut gespeichert. Es mag sein, dass er sich an manchen Tagen anders anfühlt, aber es kann Ihnen nicht passieren, außer Sie sind Anfänger und es ist noch kein Schwung im Hirn gespeichert, dass Sie am Abschlag stehen und sich fragen müssen: „Wie war das noch mit dem Golfschwung?" Allerdings kann es vorkommen, dass Sie sich zu erinnern suchen: „Was war das noch, was mir der >*Pro* sagte, das ich beim Rückschwung beachten soll?" Das ist eben der Unterschied: Die Anweisungen des Pros gehen in das explizite Gedächtnis und können leicht vergessen werden, die Bewegungen aber werden implizit gespeichert. Ein weiterer Vorteil impliziten Lernens besteht darin, dass es weitgehend unabhängig von Intelligenz und Alter ist.

Zwei Arten von Lernen	
explizit	(deklarativ) implizit
bewusst	unbewusst
Wissen	Können
abhängig von Intelligenz	nicht abhängig von Intelligenz
nimmt mit dem Alter ab	nimmt mit dem Alter nicht (kaum) ab
anstrengend	mühelos
anfällig für Vergessen	resistent gegen Vergessen

Wissen und Können

Implizites Wissen wird auch als Handlungswissen bezeichnet, da es im Bewusstsein nicht vorhanden ist, sich aber im Handeln niederschlägt. Das Gegensatzpaar explizit und impli-

zit kann man daher auch mit Wissen und Können beschreiben.
Zur Aneignung impliziten Wissens wird das Bewusstsein nicht benötigt. Es gibt aber solche Tätigkeiten, die durchaus mit bewusster Zuwendung erlernt werden, die aber dann durch ständige Wiederholung völlig automatisch ablaufen und einer bewussten Steuerung oder Kontrolle nicht mehr bedürfen. Ein illustratives Beispiel eines solchen Lernprozesses ist das Autofahren.

Autofahren: bewusst gelernt, unbewusst ausgeführt

Zunächst lernen wir mit viel Konzentration und unter verbaler Anleitung des Fahrlehrers die grundlegenden Tätigkeiten wie Gasgeben, Bremsen, Kuppeln, Schalten, Lenken usw. Dass dabei das Bewusstsein Regie führt, merkt man daran, dass es anstrengend ist und man größte Schwierigkeiten hat, zwei Dinge, wie zum Beispiel Lenken und Schalten, gleichzeitig zu tun. Die nächste Schwierigkeit besteht dann darin, auf dem Übungsgelände das, was man mit den Augen aufnimmt, in Bewegungen umzusetzen. Schließlich soll das Ganze dann unter Stress in mehr oder weniger komplexen Verkehrssituationen angewandt werden.
Der geübte Fahrer merkt von alldem kaum etwas. Das Handling des Autos ist ihm in Fleisch und Blut übergegangen. Er fährt völlig entspannt und kann sich währenddessen sogar mit Mitfahrern unterhalten oder telefonieren. Er muss sich nicht überlegen: „In welchem Gang fahre ich jetzt?“, „Bei welcher Drehzahl soll ich schalten?“, „Ist die Kupplung links oder rechts?“, „Welchen Abstand zum vorausfahrenden Auto soll ich einhalten?“. Was hier an ständigen Regulierungen und Entscheidungen passiert, geschieht vollautomatisch. Es erreicht in der Regel nicht einmal unser Bewusstsein. Wir könnten aber auch, und das ist ein Unterschied zu wirklich unbewusst gelerntem Verhalten, die Handlungen beim Autofahren mit unserem Bewusstsein begleiten, wie man es zum Beispiel macht, wenn man jemand das Autofahren erklärt.
Wie sehr Autofahren unbewusst abläuft zeigt sich, wenn Sie Ihre Fahrkunst in England oder einem anderen Land mit Linksverkehr erproben. Sie werden dann mit einem Schlag (ähnlich wie im Experiment mit dem Funny-Putter) ins Anfängerstadium zurückversetzt. Alle Ihre eintrainierten Routinen sind dann nichts mehr wert, im Gegenteil: Sie müssen mühsam

unterdrückt und das Bewusstsein muss wieder eingeschaltet werden.
Diese automatisierten, unbewusst ablaufenden Handlungen beim Autofahren machen das Bewusstsein frei, damit es in schwierigen oder gefährlichen Situationen eingreifen kann. Wenn Sie als routinierter Autofahrer eine längere Strecke zurückgelegt haben, werden Sie sich in der Regel nur an wenige konkrete Situationen bewusst erinnern können. Am ehesten noch an Gefahrensituationen, in denen das Bewusstsein eingeschaltet wurde oder an Momente, in denen Sie sich die Fahrtroute überlegt haben.
Andere Beispiele für Fertigkeiten, die ebenfalls komplex sind und mit bewusster Zuwendung gelernt, durch viel Übung aber automatisiert werden und unbewusst ablaufen können, sind zum Beispiel Radfahren, Schwimmen, Klavierspielen – und natürlich Golf.

Das stumme Wissen; eine philosophische Anmerkung

Michael Polanyi veröffentlichte 1966 sein Buch „The Tacit Dimension“ (Titel der deutschen Übersetzung: „Implizites Wissen“). Er näherte sich dem Problem von der philosophischen Seite. Er meint, dass der Mensch, bevor er etwas versteht, ein implizites Wissen davon hat; dass er etwas ahnt, es aber noch nicht ausdrücken kann. Im Laufe des Erkenntnisprozesses wird ihm der Sachverhalt bewusst, und er kann ihn in Worte fassen und anderen mitteilen.
Wenn wir das Erlernen einer Bewegung betrachten, so sehen wir, dass es dabei genau umgekehrt verläuft, zumindest dann, wenn man durch Anweisungen und mit Hilfe des Bewusstseins lernt: Zunächst ist ein konkreter, vom Golfpro mitgeteilter Auftrag vorhanden, der vom Schüler bewusst aufgenommen wird und den dieser versucht, in Bewegung umzusetzen. Mit fortschreitendem Lernprozess wird aus dem expliziten Wissen ein stummes, implizites Wissen.
Die wissenschaftliche Erkenntnis besteht in der sprachlichen Mitteilbarkeit, die „Erkenntnis“ des Körpers besteht darin, dass er es kann.

Wie wir den Golfschwung lernen

Implizit oder explizit?

Erstaunlicherweise findet der Gedanke des impliziten Lernens[7] nur zögernd Eingang in den Sport. Und das, obwohl Bewegungen, insbesondere komplizierte, Herzeigebeispiele für „unbewusstes Wissen" sind. Wenn man zum Beispiel Kindern beim Fußballspielen zusieht, kann man leicht erkennen, ob sie schon geübt sind oder nicht. Anfänger laufen auf einen durch die Luft fliegenden Ball direkt zu. Im Laufe der Zeit lernen sie, ohne dass sie bewusste Überlegungen oder gar Berechnungen anstellen, wo ein Ball, der mit einer bestimmten Geschwindigkeit und in einer bestimmten Kurve fliegt, vermutlich landen wird, und sie stellen ihre Laufrichtung und -geschwindigkeit darauf ein. Ein Musterbeispiel eines impliziten Lernprozesses.

Komplexe Bewegungen sind Herzeigebeispiele impliziten (unbewussten) Wissens

Einen kuriosen Fall untersuchten McLeod & Dienes (1993). Sie fanden, dass gute Fänger beim Cricket-Spiel so laufen, dass die zweite Tangensableitung des Winkels zwischen Horizont und anfliegendem Ball gegen Null geht und bis zum Fangen des Balls gehalten wird. Wenn Sie jetzt nur „Bahnhof" verstanden haben, liegt das nicht daran, dass Sie nichts von diesem Sport verstehen. Auch die Cricketspieler wissen nichts von dieser Formel, ihr Unbewusstes kann sie aber offensichtlich anwenden. McLeod & Dienes beobachteten, dass gute Fänger zunächst ca. eine halbe Sekunde warten (so lange dauert offensichtlich der unbewusst ablaufende Rechenvorgang), um dann zu starten.

Ähnlich „wundersame" Dinge kann man auch im Golfsport beobachten. Wenn ein geübter Spieler den geplanten Landepunkt eines >*Pitches* oder >*Chips* festgelegt hat, „weiß" sein Unbewusstes, welche Bewegung auszuführen ist, um mit dem Eisen seiner Wahl den Ball dort landen zu lassen. Die

7 Unter implizitem oder unbewusstem Bewegungslernen versteht man ein Lernen ohne verbale Anleitung nur durch Nachahmen oder Versuch und Irrtum. Es ist ein Lernen durch Erfahrung.

nicht bewusste Berechnungen, sondern unbewusstes „Wissen"

Grundlage dafür sind nicht bewusste „Berechnungen", sondern tausendfache Erfahrungen, in denen gelernt wurde, wie Spielsituationen, Bewegungen und Ergebnisse zusammenhängen (siehe auch das Kapitel „Die Anpassung des Golfschwunges an die Situation").

Lernen wir den Golfschwung implizit oder explizit?

Zurück zur eingangs gestellten Frage, wie wir den Golfschwung lernen. Erwachsene tun es in der Regel, indem sie versuchen, Anweisungen des Pros oder einer anderen „wissenden" Person in Bewegung umzusetzen. Dabei wird die Aufmerksamkeit auf ein Schwungdetail gelenkt, und der Schüler versucht, dieses mit bewusster Zuwendung zu kontrollieren. Lernen wir also den Golfschwung explizit, mit bewusster Kontrolle?
Es galt bis vor relativ kurzer Zeit als unbestrittene Lehrmeinung von Experten, dass Anfänger durch die Phase des bewussten Lernens durch müssen, um dann in den Zustand zu kommen, in dem die Leistung unbewusst abgerufen wird. Der amerikanische Golflehrer Jim Flick formulierte, jeder Spieler müsse drei Entwicklungsstadien durchlaufen: unbewusst unfähig, bewusst fähig, unbewusst fähig.

Untersuchungen zeigen: Man kann auch Anfänger unbewusst lernen lassen.

Seit den 1990er Jahren mehren sich jedoch Untersuchungen, die zeigen, dass die Formel „bewusst lernen, unbewusst abrufen" nicht uneingeschränkt gilt. Man kann auch Anfänger unbewusst lernen lassen und damit raschere Fortschritte und besseres Behalten erzielen als mit einer bewussten Strategie. Robert N. Singer und Kollegen von der University of Florida (1993) ließen Studenten in einer langen Versuchsreihe über zwei Tage einen Zielwurf mit der nicht dominanten Hand lernen (Rechtshänder warfen links, Linkshänder rechts). Ein Ball war so zu werfen, dass er zunächst auf dem Boden aufprallte und dann eine Zielscheibe traf. Die Instruktionen waren sehr unterschiedlich: Die Teilnehmer der „bewussten Gruppe" erhielten die Anweisung, darauf zu achten, wie sie den Ball werfen, wie sich die Bewegung anfühlt, wie es klingt, wenn der Ball das Ziel trifft etc. Die „unbewusste Gruppe" wurde aufgefordert, sich auf das Werfen vorzubereiten, das Ziel zu fixieren und auf andere Informationen, wie zum Beispiel das Bewegungsgefühl, nicht zu achten. Eine weitere Gruppe machte die Würfe nach einem 5-Stufen-Programm, wie es erfahrene Sportler anwenden (Vorbereitung, Bewegungsvorstellung, Fokussieren des Ziels, Ausführung der Bewegung, Bewertung). Eine Kontrollgruppe erhielt keine spezifischen Instruktionen. Und das waren die Ergebnisse: Die Gruppen, die nach Strategien lernten, die auch Könner beim Abrufen der Leistung anwenden (unbewusst oder mit der 5-Stufen-Methode), hatten bessere Erfolge (geringere Zielabweichungen) als die Kontrollgruppe und die Gruppe, die mit bewusster Zuwendung lernte (siehe Grafik).

Durchschnittliche Abweichungen der Zielwürfe nach verschiedenen Lernstrategien

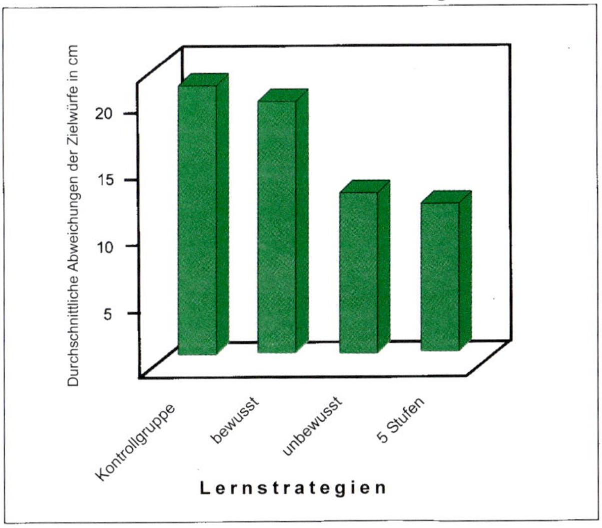

Gabriele Wulf vom Max-Planck-Institut für psychologische Forschung erprobte ebenfalls verschiedene Arten von Anweisungen. Sie ließ drei Gruppen von Testpersonen zwei Tage lang auf einem Schi-Simulator üben. Bei diesem Gerät handelt es sich um eine Plattform, die auf Rollen gelagert ist. Die erste Gruppe erhielt die Instruktion, beim Schwingen jeweils den äußeren Fuß zu belasten. Die Teilnehmer der zweiten Gruppe wurden gleich instruiert, doch statt der Füße sollten sie die darunterliegenden Rollen belasten. Der Unterschied besteht also darin, dass im einen Fall die Aufmerksamkeit auf den eigenen Körper gelenkt wurde, während sie im anderen Fall auf den Effekt der Bewegung gerichtet war.

raschere Lernfortschritte bei Konzentration auf den Effekt der Bewegung

Die dritte Gruppe erhielt keine Anweisungen. Am dritten Tag wurde ein Behaltenstest durchgeführt. Die Ergebnisse waren erstaunlich. Die Gruppe, die sich auf die Rollen konzentrierte, hatte die deutlich besseren Lerneffekte als die beiden anderen Gruppen.

Die Ergebnisse konnten in einem Test mit einer Golfübung bestätigt werden: Zwei Gruppen von Golf-Neuligen sollten Bälle auf ein 15 Meter entferntes Ziel schlagen. Alle erhielten die gleiche Instruktion über Griff und Körperhaltung. Bei den Anweisungen zur Schwungbewegung selbst wurde im einen Fall die Aufmerksamkeit auf die Bewegung der Arme, im anderen Fall auf die des Golfschlägers gerichtet. Auch in diesem realistischen Test zeigte sich, dass die Gruppe, die die Aufmerksamkeit nach außen (zum Schläger) richtete, sowohl im Lernen als auch im Behalten der Gruppe überlegen war, die sich auf die Bewegung des Körpers konzentrierte.

Ein überaus interessantes Ergebnis. Dieser kleine aber feine Unterschied, einmal die Aufmerksamkeit auf die Ausführung der Bewegung, das andere Mal auf den Effekt davon zu richten, hat meines Erachtens enorme Auswirkungen auf die damit zusammenhängenden Hirnprozesse. Die Lenkung des Fokus auf den Körper bzw. die Bewegungsausführung hat zur Folge, dass das Bewusstsein die Steuerung und Kontrolle der Bewegung übernimmt. Wird die bewusste Aufmerksamkeit jedoch auf die Auswirkung der Bewegung gelenkt, so beschäftigt sich das Bewusstsein mit der Beobachtung dieses Effekts und es können die *selbstregulierenden Prozesse* des Körpers ablaufen. Die Person lernt somit implizit und nützt dafür die gigantischen Möglichkeiten des Unbewussten. Daraus kann man schließen:

Instruktionen sind dann besonders wirkungsvoll, wenn sie die automatisch ablaufenden Prozesse der Selbstregulierung ermöglichen und unterstützen.

Diese Ergebnisse wurden an relativ einfachen Übungen gewonnen. Ich kann mir nicht vorstellen, dass man sich einen so komplexen Bewegungsablauf wie den Golfschwung nur durch unbewusstes Lernen aneignen kann. Zumindest bei Erwachsenen ist das sehr zu bezweifeln, ich überlasse die Beantwortung dieser Frage aber gerne den Technik-Experten. Kinder sind eher in der Lage, nur durch Versuch und Irrtum und durch Nachahmung zu lernen, vermutlich deshalb, weil ihr Hirn noch anders strukturiert ist. Erwachsene haben diese Fähigkeit zum Teil eingebüßt. Und sie wollen auch immer eine Begründung für das, was sie tun sollen, mitgeliefert bekommen. Das hilft ihnen, die Illusion, dass sie den Golfschwung (und auch andere Handlungen) bewusst ausführen und kontrollieren, aufrecht zu erhalten. Ich möchte aber nicht unerwähnt lassen, dass der Versuch, Anweisungen zu hinterfragen, manchmal durchaus Sinn macht. Implizites Lernen ist nicht ungefährlich, denn es erfolgt kritiklos. Wenn Sie einen guten Pro oder ein passendes Lernmodell haben, ist das kein Problem. Was aber, wenn nicht? Dann können Sie das kontrollierende Bewusstsein ganz gut gebrauchen. Und das nicht nur beim Erlernen des Golfschlags.

Bloß implizites Erlernen des Golfschwungs ist (zumindest bei Erwachsenen) nicht möglich.

Implizites Lernen erfolgt kritiklos.

Es geht beim Bewegungslernen meines Erachtens auch nicht um ein Entweder-Oder, entweder explizites oder implizites Lernen, sondern um die Frage: Wie viel explizites Wissen ist notwendig und wie kann ich die impliziten Prozesse nützen, um ein gutes Bewegungsergebnis zu erzielen.

Ein bloß explizites Erlernen des Golfschwungs ist ohnehin nicht möglich, da das Bewusstsein als Bewegungskontrollor rasch überfordert ist. Versuchen Sie einmal, dem Bewusstsein folgenden Auftrag zu geben: „Beobachte, was das linke Knie während des Schwunges macht!". Sehr schwierig, nicht wahr? Und was ist mit dem rechten Knie, den Hüften, den Schultern, den Armen, den Händen? Und wie sind deren Bewegungen aufeinander abgestimmt? Ein hoffnungsloses Unterfangen. Keine Beschreibung eines Golfschwungs, und sei sie auch noch so genau und detailliert, kann im Entferntesten das wiedergeben, was sich im Körper abspielt. Je komplexer eine Bewegung ist, desto weniger wird eine Beschreibung oder Handlungsanweisung der praktischen Durchführung gerecht. Und der Golfschwung ist sehr komplex. Die Bewegung wird also immer viel mehr sein, als man in explizites, mitteilbares Wissen packen könnte.

Bewusstsein bei Kontrolle des Golfschwungs rasch überfordert

Ingo Peyker, ehemaliges Stabhochsprung-As und Leiter des Instituts für Sportwissenschaft an der Uni Graz, gab seinem

Ein frivoler Vergleich

Goethes „Faust", eine der größten geistigen Leistungen, wurde von Generationen von Literaturwissenschaftlern zu verstehen versucht. Ihre Interpretationen und Analysen füllen ganze Bibliotheken. Es ist unmöglich, dass Goethe, obwohl er ein Genie war, alle oder auch nur einen Großteil dieser Überlegungen bewusst angestellt hat. Andererseits beinhalten die Schriften über den „Faust" nicht im Entferntesten das, was an implizitem Wissen in dem Werk enthalten ist, das Goethe aus seinem Unbewussten geschöpft hat.

So ist es auch mit dem Golfschlag: Noch so viele explizite Beschreibungen, und davon gibt es eine ganze Menge, beinhalten nicht das, was an implizitem Wissen in dieser Bewegung umgesetzt wird. Und dieses Wissen ist zum größten Teil auch dem, der den Schlag hervorbringt, fremd. Zugegeben, ein frivoler Vergleich. Aber nicht unzutreffend.

Aufsatz, der sich mit Bewegungslernen und Training befasst, den treffenden Titel: „Was weiß mein Körper, das ich nicht weiß?", wobei man sich in diesem Fall statt „Körper" auch „Unbewusstes" denken kann. Er spricht damit das Phänomen an, dass man auch dann, wenn man versucht, eine Handlungsanweisung umzusetzen, sich des Riesenrepertoires des Unbewussten an Bewegungserfahrung bedient. Ich möchte es so ausdrücken: Vorne steht ein schwerhöriger und kurzsichtiger Dirigent (das Bewusstsein), der ein unüberschaubares Riesenorchester leitet. Oder sich das zumindest einbildet.

Das Bewusstsein gleicht dem schwerhörigen und kurzsichtigen Dirigenten eines Riesenorchesters.

Selbstregulierung. Das Ganze läuft genauer ab als seine Teile

Wiederholbare Bewegung oder wiederholbares Ergebnis?

Konstanz, das ist der Wunsch wohl der meisten Golfer. Gemeint ist damit, einen guten Schlag möglichst wiederholen zu können. Aber was soll eigentlich wiederholt werden? Ist es die Bewegung, oder ist es das Ergebnis? Sie meinen, das sei dasselbe? Hm.

Kunstfertigkeiten in Beruf und Alltag

Es wäre ungerecht, in diesem Zusammenhang nur sportliche oder artistische Leistungen zu würdigen. Auch Tätigkeiten im Alltag beinhalten oft ein hohes Maß an Geschicklichkeit und sind durch Übung zu einer Kunstfertigkeit geworden. Im Handwerk gibt es eine ganze Reihe solcher erstaunlicher Phänomene, doch leider sind sie im Aussterben und werden zunehmend von Maschinen übernommen. Denken Sie an Berufe wie Glasbläser, Zigarrendreher, Weber, Schmiede, die Gondoliere in Venedig, die Angler mit ihren zielgenauen Würfen mit dem Köder und viele andere. Auch im Haushalt, zum Beispiel beim Kochen, Nähen und Stricken, werden Tätigkeiten, die viel feinmotorisches Geschick erfordern, mühelos und anmutig vollbracht. Allen diesen Tätigkeiten ist gemein, dass sie anspruchsvoll sind und durch viel Übung und das Absinken ins Unbewusste ohne besondere Aufmerksamkeitszuwendung durchgeführt werden können.

Zwei völlig identische Bewegungen müssten dasselbe Ergebnis bringen. Das stimmt. Aber nur theoretisch, denn zwei völlig gleiche Schläge schaffen nicht einmal Schlagautomaten. Man kann allerdings mit Bewegungen, die sich im Detail sogar erheblich unterscheiden, identische Ergebnisse erzielen. Ermöglicht wird das durch Prozesse der Selbstregulierung. Sie bewirken, dass bei Abweichungen eines Teils der Bewegung andere Teile so verändert werden, dass das Gesamtergebnis möglichst erhalten bleibt.

Identische Ergebnisse können mit sehr unterschiedlichen Bewegungen erzielt werden.

Selbstregulierung passt Teile der Bewegung an, damit Gesamtergebnis erhalten bleibt.

Bereits in den 1930er Jahren wurden von Ganzheitspsychologen Untersuchungen an so unterschiedlichen Bewegungsformen durchgeführt wie Gehen, Weitsprung, Speerwurf, Zielwurf, Tanzen sowie an Arbeitsbewegungen wie zum Beispiel dem Hammerschlag bei Schmieden. Dabei stellte sich heraus, dass die Streuung des Gesamtergebnisses geringer ist, als es aufgrund der Abweichungen der Teilbewegungen zu erwarten gewesen wäre. Dies wurde in dem prägnanten

Satz ausgedrückt: „Das Ganze läuft genauer ab als seine Teile."

Beim Golfschlag ist es deshalb so schwierig, Konstanz zu erreichen, weil er so viele Freiheitsgrade aufweist. Jeder Bestandteil des Schwunges hat eine enorme Variabilität, d. h. er kann auf viele Arten ausgeführt werden, und das bedeutet: Es gibt viele „Chancen" für Fehler. Eduard Loosch, der die Theorie der Selbstregulierung wieder aufgegriffen hat, sieht darin jedoch kein Problem. Er meint sogar, dass die Variabilität keine Fehlerquelle, sondern die Voraussetzung für Stabilität und Konstanz einer Bewegung ist, so lange die unbewussten Prozesse der Selbstregulierung die Teile der Bewegung so anpassen, dass das Gesamtergebnis erhalten bleibt. Um Beständigkeit ins Spiel zu bringen, ist es daher möglicherweise sinnvoller, sich um identische Ergebnisse statt um identische Bewegungen zu bemühen.

Die Anpassung des Golfschwunges an die Situation

Wenn bisher die Rede vom Erlernen des Golfschwunges war, so galt dabei als Zielvorstellung, die Bewegung so wiederholen zu können, dass sie zu ähnlichen Ergebnissen führt. Nehmen wir an, Sie möchten das Grün anspielen und Sie haben sich aufgrund der Entfernung und anderer Umstände entschlossen, dies mit dem Eisen 6 zu tun. Alles, was Sie in dieser Situation möchten, ist, Ihren „ganz normalen" Schwung mit einer durchschnittlichen Länge abrufen. Die Bewegung ist mehr oder weniger standardisiert, die Schlägerwahl und damit die Länge ist hingegen variabel. Bei einigen speziellen Schlägen ist es aber anders: Die Bewegung ist nicht immer gleich auszuführen, sondern der jeweiligen Situation anzupassen. Die Rede ist vom >*Putt*, vom Chip und vom Pitch. Bei diesen Schlägen verändert sich der Schwung je nach der erforderlichen Länge. Es genügt bei diesen Spezialschlägen daher nicht, sich ihre technisch korrekte Ausführung anzueignen, sondern man muss auch lernen, wie die Bewegung in einer bestimmten Situation auszuführen ist. Ich muss also die Verbindung zwischen Situation und Ausführung lernen.

Bei Putt, Chip und Pitch muss die Verbindung von Situation und erforderlicher Bewegung gelernt werden.

Auch in diesem Fall kann man sich der schier unbegrenzten Möglichkeiten des unbewussten Lernens bedienen. Nehmen wir als Beispiel den Putt. Natürlich wäre es möglich, das richtige Tempo beim Putten zu lernen, indem man die Entfernung bis zum Loch misst oder schätzt, das Gefälle und den Rollwiderstand berücksichtigt und diesem Ergebnis eine bestimmte Länge des Rückschwungs zuordnet. Oder man könnte bei einem Pitch die Entfernung bis zum geplanten Landepunkt des Balles schätzen (z. B. 78 Meter) und der dafür erforderlichen Schlaglänge einen bestimmten Rückschwung zuordnen. Jetzt sollte man noch wissen, wie weit genau der Rückschwung sein muss, um diese Länge zu erzielen (z. B. in die „9-Uhr-Position"), und man müsste in der Lage sein, genau in diese Position zurückzuschwingen. Das würde schon daran scheitern, dass die meisten Golfer gar nicht wissen, in welcher Position sich ihr Schläger am Ende des Rückschwungs befindet.

Da ist es schon einfacher und vermutlich auch zuverlässiger, das Unbewusste diese Arbeit machen zu lassen. Auch ohne aufwändige „Rechenarbeit" funktioniert dieser Lernprozess, indem Putts, Chips und Pitches aus möglichst unterschiedlichen Situationen ausgeführt und die Ergebnisse registriert werden. Nach der Schlagausführung ist es wichtig, dem Unbewussten die Möglichkeit zu geben, das Ergebnis (die Ballbewegung und Balllage) genau wahrzunehmen. Dabei ist nicht entscheidend, ob Absicht und Ergebnis übereinstimmen; auch oder gerade aus den Abweichungen lernt man. Der Lernfortschritt besteht darin, dass immer zuverlässiger aufgrund einer bestimmten optischen Situation der „zugehörige" Schlag abgerufen werden kann.

Wie aber weiß das Unbewusste, welche Schlagbewegung es auszuführen hat? Das Geheimnis liegt darin, dass bei jedem Schlag im Hirn die Wahrnehmungssituation (Entfernung, Geländeform etc.) und die darauf folgende Bewegung gemeinsam abgelegt werden (common coding). Wenn Sie nun vor einer bestimmten Aufgabe stehen, brauchen Sie nur dem Unbewussten die optische Situation vorzuführen. Die genaue Wahrnehmung derselben löst einen Suchvorgang im Hirn nach ähnlichen Erfahrungen aus und aktiviert ein dazu passendes Bewegungsmuster. Sie können die Effizienz dadurch

Wahrnehmungssituation und Bewegung werden im Hirn gemeinsam gespeichert.

steigern, dass Sie den optischen Eindruck der Spielsituation vor der Schlagausführung mit den Augen ganz genau abtasten oder die Entfernung zusätzlich auch noch abschreiten, um den Sinneseindruck zu verdichten. Das führt zu einer genaueren „Beschreibung“ und Differenzierung des optischen Eindrucks und es kann die dafür passende Bewegung verlässlicher abgerufen werden. Je größer die Datenbank, desto größer die Wahrscheinlichkeit, den richtigen Schlag zu finden.
Sie können diese Tätigkeit im Hirn, die natürlich unbewusst abläuft, sehr leicht testen: Wählen Sie, noch bevor Sie solche Schläge an diesem Tag geübt haben, ein Ziel in einer Entfernung von ca. 20 bis 80 Metern, ohne dass Sie die Distanz genau kennen oder versuchen, diese bewusst zu schätzen. Nehmen Sie nun ein >*Sandwedge* oder Pitching-Wedge in die Hand und geben Sie dem Unbewussten den Auftrag, den Schwung so auszuführen, dass der Ball beim Zielpunkt landet. Sie werden erleben, dass das Unbewusste „weiß“, was es zu tun hat, auch wenn es nicht in jedem Fall eine „Punktlandung“ gibt. Bewusste Prozesse sind dafür jedenfalls nicht notwendig.

Vor jeder Golfrunde ist es erforderlich, die Schnelligkeit des Grüns zu testen und das Putttempo darauf abzustimmen. Auch diesen Lernprozess können, ja sollen Sie ohne Beteiligung des Bewusstseins durchführen. Das Unbewusste hat eine Vorstellung davon, mit welchem Tempo es bei einer bestimmten Entfernung vom Loch und Neigung des Grüns putten soll. Es ist nach dem Versuch nicht notwendig, dass Sie sich, je nach dem Ergebnis, vornehmen, den Ball nun härter oder weniger hart zu schlagen. Das Unbewusste ist weder blind noch blöd. Es hat längst die Abweichung registriert und wird von sich aus die entsprechende Anpassung vornehmen. Lassen Sie es in Ruhe Erfahrungen sammeln. Wenn Sie bewusst eingreifen, stören Sie diesen Selbstregulierungsprozess, und es besteht die Gefahr, dass beim nächsten Putt beide, Bewusstsein und Unbewusstes, eine Korrektur vornehmen. Und dann kommt es zu dem Phänomen, dass z. B. nach einem zu kurz gelassenen Putt der nächste „zum Ausgleich“ weit über das Loch geht.

Das Unbewusste reguliert die Bewegung selbst. Stören Sie es nicht.

Ihr Schwung ist harmoniebedürftig

Das hätten Sie sich von Ihrem Schwung vermutlich nicht gedacht – dass er harmoniebedürftig ist. Ohne Ihr Zutun, ohne dass Ihnen das bewusst wird, läuft in Ihrem Unbewussten ein Programm, das Ihren Schwung in charakteristischer Weise verändert: Er wird rund, harmonisch, ökonomisch. Die Ecken und Verkrampfungen der frühen Versuche schwinden mehr und mehr, Sie müssen sich weniger anstrengen, um das gleiche Ziel zu erreichen. Anfänglich sind Muskeln bei der Bewegungsausführung aktiv, die dafür überhaupt nicht gebraucht werden oder die Bewegung sogar hemmen. Dieses Programm ist ein Teil des impliziten Lernens bzw. der Selbstregulierung, denn es läuft völlig automatisch, ohne Beteiligung des Bewusstseins ab. Eine unglaublich praktische Einrichtung. Leider hat sie aber auch eine Kehrseite, zumindest was den Golfschwung betrifft. Dieses Programm bewirkt nicht unbedingt, dass der Schwung besser und effektiver wird, sondern lediglich, dass er besser koordiniert und ökonomischer abläuft. Das Ziel des Programmes könnte man ungefähr so definieren: Mit weniger Aufwand (ungefähr) das gleiche Ziel erreichen. Und dies führt dazu, dass im Laufe des Spiels die Bewegung zwar eleganter, harmonischer und weniger anstrengend wird, dass aber auch Drehungen reduziert, Körperspannungen vermindert und Körperwinkel verändert werden. Wenn dem Körper bestimmte Positionen unangenehm sind, und das betrifft besonders die älteren Semester unter den Golfern, schont er sich und begnügt sich mit weniger effizienten aber sich angenehmer anfühlenden Bewegungen. Das alles geht unbewusst und in so kleinen Schritten vor sich, dass wir nichts davon bemerken. Die Schläge sind möglicherweise noch einigermaßen gerade, die Länge lässt aber, aus scheinbar unerklärlichen Gründen, mehr und mehr zu wünschen übrig. Man kann nämlich mit einem technisch schwachen Schwung zwar gerade, aber keine langen Schläge produzieren.

mit weniger Aufwand das gleiche Ziel erreichen

Dieses Phänomen betrifft selbstverständlich nicht nur den Golfschwung, sondern alle Tätigkeiten, die durch Wiederholung zur Routine werden und ins Unbewusste absinken. Wenn zum Beispiel Schauspieler ein Stück immer wieder auf-

führen, kommt es zu charakteristischen Veränderungen. Die Darsteller haben zwar keine Mühe mehr mit dem Text oder ihren Stichwörtern und die Aufführung läuft auch „wie geschmiert". Aufmerksame Beobachter würden aber bemerken, dass das Spiel oberflächlicher und eintöniger wird, dass Esprit, Spannung und Akzente fehlen. Es ist daher notwendig, auch wenn jeder Schauspieler seine Rolle intus hat, Proben anzusetzen, in denen Akzentuierungen in der Sprache, Sprechtempo und Pausen, Gestik, Mimik und anderes wieder ins Bewusstsein geholt und geübt werden.
Genau so ist es mit dem Golfschwung. Es genügt nicht, dass er harmonisch und ökonomisch funktioniert, er muss auch die Dynamik von Spannung und Lösung aufweisen.

Hilfe, mein Schwung ist weg

Sie alle kennen das Problem: Eben hat der Schwung noch ganz gut funktioniert, auf einmal ist er weg, buchstäblich von einem Schlag auf den anderen. „Das gibt es doch nicht, ich kann doch nicht plötzlich das Golfspielen verlernt haben", so oder ähnlich klingen die frustrierten Kommentare der Betroffenen. Sie haben das Gefühl, alles gleich zu machen, wie vor fünf Minuten, das Ergebnis sagt aber etwas anderes. Was ist passiert? Sie haben soeben die Kehrseite des Selbstregulierungsprogramms, das in ihrem Hirn abläuft, kennen gelernt. Es hat dafür gesorgt, dass trotz eines aufgetretenen Fehlers im Schwung, zum Beispiel einer nicht ausreichenden Schulterdrehung, das Ergebnis noch immer akzeptabel war, da die Arme einen Teil der Arbeit übernahmen. Wenn bereits mehrere solcher Anpassungen erfolgt sind, kann es passieren, dass eine weitere Kompensation nicht mehr möglich ist und bei einer nur geringfügigen Veränderung in einem Teil der Bewegung der Schwung buchstäblich zusammenbricht. Der Eindruck der Betroffenen, dass sie (beinahe) alles gleich wie vorher machen, kann somit durchaus der Realität entsprechen.

die Kehrseite des Selbstregulierungs-Programms

Daher ist es notwendig, von Zeit zu Zeit und nicht erst, wenn „der Hut brennt", einen Check beim Pro zu machen, ob die Positionen beim Schwung noch stimmen. Das eigene Körpergefühl ist dabei keine Hilfe. Da die mittlerweile harmonisierte, aber nicht mehr effektive Bewegung dem Unbewussten vertraut anmutet, wird sie fälschlich als richtig akzeptiert, denn:

Für das Unbewusste liegt die „Wahrheit" im Vertrauten. Das heißt für den Golfschwung: „Richtig" ist, was sich vertraut anfühlt. Und das kann verdammt falsch sein.

Mein Körper versteht mich nicht

Sie erinnern sich an die Frage von Ingo Peyker: Was weiß mein Körper, das ich nicht weiß? Er stellt aber auch noch eine andere interessante Frage: „Was weiß ich, was mein Körper nicht versteht?" Damit ist das Problem angesprochen, dass das, was der Pro sagt und vom Schüler im expliziten Gedächtnis als verbaler Auftrag gespeichert ist, sich deshalb noch lange nicht im impliziten Gedächtnis befindet. Erst später, wenn es auch der Körper verstanden hat, kommt es möglicherweise zu dem Aha-Erlebnis: „Ach, das hast du gemeint, als du gesagt hast: Der Schläger überholt die Hände." Ein Beispiel für das manchmal erhebliche Auseinanderklaffen von explizitem und implizitem Wissen sind die unbewussten Theorien, Überzeugungen und Glaubenssätze, die zwar nicht bewusst sind, die Bewegungsausführung aber ganz erheblich beeinflussen (siehe Kasten auf der nächsten Seite).

Der Weg vom expliziten zum impliziten Wissen ist oft sehr lang, oder: Wissen und Können haben möglicherweise miteinander zu tun, müssen aber nicht. Das, was unser Unbewusstes vom Golfschwung „weiß", und das, was wir explizit darüber wissen und auch sprachlich ausdrücken können, sind zwei sehr unterschiedliche „Dinge". Theoretisch gibt es vier Möglichkeiten:

Wissen und Können sind unterschiedliche „Dinge".

1. Ich weiß, wie es geht und kann es auch.
2. Ich weiß, wie es geht, kann es aber nicht.
3. Ich weiß nicht, wie es geht, und kann es auch nicht.
4. Ich weiß nicht, wie es geht, kann es aber.

Unbewusste Theorien

Bereits vor dem ersten Golfschlag hat das Unbewusste Theorien und Überzeugungen, wie diese Aufgabe zu bewältigen ist. Manchmal sind sie richtig und hilfreich, manchmal aber auch falsch und hartnäckig. Das Problem bei falschen Theorien ist, dass sie zwar das Verhalten beeinflussen, uns aber nicht bewusst werden. Ein Beispiel dafür ist die unbewusste Theorie, wie der Golfball in die Luft kommt. Der Golfeleve beobachtet bei anderen Spielern, dass der Ball vom Boden hochsteigt. Von anderen Sportarten, wie zum Beispiel vom Tennis, Tischtennis oder Ballwurf ist er gewohnt, dass man, um diesen Effekt zu erzielen, den Ball in einer Aufwärtsbewegung treffen muss. Dieses unbewusste Programm wird auf den Golfschlag übertragen und das Ergebnis ist das „Löffeln". Der genervte Teachingpro erklärt daraufhin dem frustrierten Schüler, was sich hier physikalisch tut, dass der Schläger, wenn er abwärts bewegt wird, durch seine Bauweise den Ball in die Luft schleudert. Und der Pro wundert sich, dass diese doch so logischen Erklärungen kein „Aha-Erlebnis" auslösen. Der Grund für diese enttäuschende Reaktion des Schülers ist einfach: Das Unbewusste versteht die gut gemeinten physikalischen Erklärungen nicht. Seine Sprache ist die Erfahrung. Wenn der Schüler einige Zeit, ohne den Ball in die Luft befördern zu wollen, mit dem Schläger von oben auf diesen trifft und das Ergebnis staunend zur Kenntnis nimmt, kommt das „Aha" vielleicht doch noch, und die Theorie des Unbewussten wird verworfen und den Erfahrungen angepasst.

Vom Golfpro wollen wir hoffen, dass er in die Kategorie 1 fällt, und wenn er schon Mängel hat, so sollen diese eher im Bereich des Könnens liegen. Aber explizites Wissen über den Golfschlag ist für ihn unerlässlich. Und wie ist es beim Golf-Normalverbraucher? Er soll es können, das ist klar. Aber soll er auch wissen, wie es geht und warum es so funktioniert?

Es spricht sehr vieles dafür, dass unser Verständnis von dem, was unser Körper bzw. das Unbewusste „weiß", ebenso begrenzt ist, wie unsere Möglichkeiten, ihm das beizubringen, was unserem Bewusstsein klar ist.

Die Benutzerillusion

Der Begriff Benutzer-Illusion (user illusion) wurde von Alan Kay, einem amerikanischen Computer-Forscher, geprägt. Er war mit der Entwicklung einer benutzergerechten Computersprache beschäftigt. Die ersten Computer waren von Technikern für Techniker konstruiert. Man musste wissen, nach welchen Prinzipien dieses Ding wirklich funktioniert, um es bedienen zu können. Als diese Geräte von immer mehr Menschen benutzt wurden, die beileibe keine Spezialisten waren, machten sich Techniker daran, die Vorstellungen und Gewohnheiten der Benutzer zu studieren und die Rechner so zu bauen, dass sie deren Vorgaben entsprachen. Dadurch entsteht für den relativ unbedarften Computernutzer von heute der Eindruck, er verstünde das Gerät. Tatsächlich vermittelt ihm der Computer bzw. dessen Gestalter diese Illusion, indem er auf sein begrenztes Verständnis eingeht und die wahren technischen Vorgänge verbirgt. Es wird also über die komplexen Vorgänge, die für das Funktionieren notwendig sind, eine einfache Oberfläche gestülpt, die der Nutzer begreift und deshalb meint, den Computer zu verstehen.

vom Computer für Techniker zum PC für Laien

Warum ich Ihnen das erzähle? Weil zwischen unserem Körper (bzw. seinen Repräsentationen im Gehirn) und unserem Bewusstsein genau dasselbe Spiel gespielt wird. Wir hätten nie eine Chance, mit unserem engen Bewusstsein die unglaublich komplexen Vorgänge, die sich in unserem Körper bei der Ausführung eines Golfschwungs abspielen, wahrzunehmen oder zu steuern.

Bei einem Golfschwung wird vom Gehirn eine gewaltige Menge von Informationen verarbeitet und in Bewegung umgesetzt, die vom Bewusstsein weder gesteuert, noch wahrgenommen werden kann. Dennoch glauben wir zu „wissen", wie unser Golfschwung funktioniert, und wir glauben, ihn „machen" zu können. So lange unsere Vorstellung von dem, was wir tun, so unzutreffend sie auch sein mag, die richtigen

Ergebnisse hervorbringt, ist alles o.k. Bei der Bedienung des Computers müssen das gewünschte Ergebnis und die Vorstellung davon, durch welche Eingaben dieses erreicht wird, übereinstimmen. Die „Drecksarbeit“ unter der Oberfläche erledigt der Computer.

Im Golf ist es nicht anders: Ich habe bestimmte Vorstellungen davon, mit welchen Bewegungen sich das gewünschte Ergebnis erzielen lässt. Die komplexe „Rechenarbeit“ erledigt das Unbewusste. Wir besitzen also mit unserem Körper und seinen Bewegungs- und Empfindungsmöglichkeiten ein hoch komplexes Instrument, das wir mit unserem Bewusstsein bei weitem nicht begreifen können und mit dem wir nur mit einem oberflächlichen Verständnis umgehen können. Der Körper ist uns in seinen Funktionen (wie den meisten von uns auch der viel primitivere Computer) fremd. Wir verständigen uns vom Bewusstsein her mit einfachen Vorstellungen, Bildern und Analogien und nähren damit die Illusion, ihn verstehen und steuern zu können.

Wir haben nur ein begrenztes Verständnis von unserem Körper.

In diesem Zusammenhang taucht wieder das Ich auf. Offensichtlich ist es für das Ich wahnsinnig wichtig, dass es die Illusion, selbst die verhaltenssteuernde Instanz zu sein, aufrecht erhalten kann.

Das Ich braucht die Illusion der Kontrolle.

Mit diesem Wunsch nach bewusster Kontrolle gehen wir Erwachsenen auch an das Golfspiel heran. Wir wollen verstehen, was wir tun. Lieber ist uns ein bewusster Fehler, als ein unbewusst gelungener Schlag, den wir nicht wiederholen können, weil wir nicht wissen, wie er zustande gekommen ist. Wir wollen Erklärungen, um die Illusion aufrecht erhalten zu können, den Schlag bewusst zu kontrollieren. Und wir verlangen die Erläuterungen aus einem weiteren Grund: Wir wollen nicht in Abhängigkeit vom Pro geraten. Wir Kinder der westlichen Welt wollen kein Meister-Schüler-Verhältnis, in dem der Meister nicht erklärt und der Schüler nicht fragt. Wir wollen eine Anweisung, akzeptieren diese aber nur, wenn wir sie verstanden haben oder dies zumindest glauben. Wir wollen von der Pro-Stunde etwas mitnehmen, das sich im bewussten Speicher des Gehirns befindet und sei es im Vergleich zu dem, was das Unbewusste lernen könnte oder tatsächlich gelernt hat, auch noch so wertlos.

kein Meister-Schüler-Verhältnis

Suchen Sie einen Pro, der Ihrem Schwung vertraut

Selbst wenn wir keine kritiklose Meister-Schüler-Beziehung mit unserem Teaching-Pro eingehen, ist ein vertrauensvoller Umgang doch von größter Bedeutung. Die Tätigkeit des Lehrers lässt sich nicht auf sprachliche Anweisungen reduzieren. Es kommt von ihm viel mehr herüber und es wird von Ihnen viel mehr aufgenommen, als sich verbal ausdrücken lässt. Suchen Sie sich daher einen Pro, der nicht nur technisch und pädagogisch etwas drauf hat, sondern der auch Ihrem Schwung und Ihren Entwicklungsmöglichkeiten vertraut. Falls er das nicht tut, wird er seine Zweifel zwar nicht direkt aussprechen, aber er wird diese unbewusst im Tonfall und in der Körpersprache Ihrem Unbewussten mitteilen. Dieses wird die Botschaft empfangen, und das wird Ihrem Golfschwung nicht gut tun.
Ihre Lehrer in der Schule konnten Sie nicht aussuchen, Ihren Pro schon. Nützen Sie diese Chance.

Welchen Nutzen hätte es, Bewegungen wirklich verstehen zu können, zu wissen, welche Muskeln in welcher zeitlichen Reihenfolge kontrahiert und welche als Gegenspieler gehemmt werden müssen, welche angeborenen und welche erworbenen Bewegungsschemata wirksam werden? Nichts würde es bringen. Ebenso wenig, wie der Computerbenützer ein Elektronikfachmann sein muss, sofern die Oberfläche benutzergerecht gestaltet ist, muss der Golfeleve ein Meister der Bewegungslehre sein. Der Golfpro wäre dem Computerfachmann vergleichbar, der den benutzergerechten Computer entwickelt. Er soll den Schüler nicht mit Informationen überfrachten, die dieser ohnehin nicht verarbeiten kann. Seine Aufgabe besteht darin, Information wegzulassen und sie so aufzubereiten, dass der Schüler mit seiner Benutzeroberfläche die reduzierte Information versteht. Entscheidend ist die Information, die beim Schüler ankommt. Und da kann es passieren, dass der Schüler dann, wenn er etwas wirklich kapiert hat, dem Teachingpro vorwirft: „Warum hast du mir das nicht schon früher gesagt?“ Und dieser kann dann nur wahr-

Golfpro soll die Information reduzieren, damit der Schüler sie verarbeiten kann.

Das Unbewusste nimmt auch wahr, was es nicht weiß

Der Satz „Man nimmt nur wahr, was man weiß", gilt nur für das Bewusstsein. Das Unbewusste nimmt sehr wohl auch Inhalte wahr, die es nicht „weiß", registriert sie, speichert sie und verarbeitet sie weiter.

Einen solchen Fall unbewusster Informationsaufnahme und -verarbeitung schildert Daniel Schacter, einer der Entdecker des unbewussten Lernens: Sigmund Freud unterhielt eine Freundschaft zum Berliner Arzt Wilhelm Fliess. Ihm vertraute er häufig seine neuesten Entdeckungen und Erkenntnisse an. Einmal teilte er ihm seine eben gewonnene Einsicht mit, dass der Mensch grundsätzlich bisexuell angelegt sei. Fliess bewunderte diese Idee, wie es Freud erwartet hatte, nicht, er ließ ihn vielmehr wissen: Mein lieber Freund, ich selbst habe diese Idee vor zwei Jahren gehabt und als ich sie dir mitteilte, hast du sie abgelehnt.

Was war passiert? Das Unbewusste Sigmund Freuds hatte die Idee von Fliess aufgenommen, weiter verarbeitet, mit eigenen Gedanken und Konzepten verglichen und zur Deckung gebracht und sie schließlich als eigene Schöpfung ins Bewusstsein eingeschleust.

Ganz ähnlich läuft es beim Golfschwung: Der Pro gibt eine Anweisung, mit der der Schüler im Moment nichts anzufangen weiß. Am Bewusstsein geht diese Botschaft daher vorbei. Vom Unbewussten aber wird sie aufgenommen, weiter bearbeitet und kommt schließlich als eigene Erkenntnis ins Bewusstsein, denn das Unbewusste schert sich nicht um Autorschaft und Urheberrechte.

Nach der Lektüre eines anspruchsvollen Buches passiert es mir gelegentlich, dass mir neue Ideen in den Sinn kommen. Wenn ich allerdings das Buch dann nochmals in die Hand nehme, entdecke ich, dass sich „meine" Ideen darin befinden, ich sie beim ersten Lesen nur nicht ganz kapiert hatte.

heitsgemäß antworten: „Ich rede die ganze Zeit von nichts anderem." Man nimmt eben nur das wahr, was man weiß.

Wir könnten locker über dieses Streben nach Kontrolle hinwegsehen, hätte es nicht unmittelbare negative Auswirkungen auf den Golfschwung (und viele andere Tätigkeiten). Erst wenn wir die bewusste Kontrolle aufgeben, beginnt das Unbewusste, den Schlag auszuführen und sich dabei selbst zu kontrollieren.

Das Unbewusste kontrolliert sich selbst.

Wo ist Ihr Golfschlag, wenn Sie gerade nicht spielen?

Natürlich im Kopf, genauer: im Gehirn. Denn für den Golfschlag gilt das Gleiche, wie für die wahren Abenteuer im Lied: „... und ist er nicht in deinem Kopf, dann ist er nirgendwo." Wie aber kommt er hinein? Selbstverständlich durch Übung, so viel ist klar. Was aber tut sich im Gehirn und wo tut es sich?

Man kann mit ein wenig Übertreibung sagen, dass mit jedem Golfschwung, den Sie machen, eine Veränderung Ihrer Hirnstruktur erfolgt. Das Erlernen des Golfschwungs entspricht nämlich dem Aufbau eines Zellverbandes im Gehirn. Ein solcher Zellverband entsteht dadurch, dass bestimmte Hirnzellen gleichzeitig oder kurz hintereinander aktiviert werden. Die Aktivierung erfolgt dadurch, dass die Bewegung ausgeführt wird (wie wir später noch sehen werden, kann eine Aktivierung auch durch Vorstellen oder Beobachten von Bewegungen geschehen). Zwischen den aktivierten Neuronen bilden sich Verbindungen (Dendriten oder Axone), die mit so genannten Synapsen andocken. Erfolgt diese gemeinsame Aktivierung von Neuronen immer wieder, so entsteht ein Netzwerk, das immer dichter und stabiler wird. Wenn nun in Zukunft einige

Jeder Golfschwung verändert die Hirnstruktur.

Der Golfschwung entspricht einem Netzwerk im Gehirn.

dieser Neuronen „feuern“, so besteht die Tendenz, dass das gesamte Netzwerk aktiviert wird.
Daraus ergeben sich einige nicht unwesentliche Folgerungen: Aus der Tatsache, dass für einen gut gelernten Golfschwung erst ein stabiles Netzwerk im Gehirn aufgebaut werden muss, wird klar, dass dafür tausendfache Wiederholungen notwendig sind. Sie haben sich einen Sport ausgesucht, bei dem ohne intensives Training nichts geht. Am Beginn dieses Lernprozesses, wenn noch kein spezifischer Zellverband besteht, dürften ähnliche, bereits bestehende Netzwerke aktiviert werden, wie zum Beispiel ein Eishockey- oder Baseball-Schlag, eine Tennisvorhand oder Bewegungsmuster aus dem handwerklichen Berufs- oder Alltagsleben. Manchmal sind diese „Anleihen“ bei anderen Netzwerken förderlich, manchmal hinderlich. Ein förderliches Bewegungsmuster wäre zum Beispiel das Mähen mit einer Sense – aber welcher Golfer kann das schon?

Das Hirn unterscheidet nicht zwischen richtigen und falschen Schlägen.

Eine weitere Konsequenz ist, dass falsch ausgeführte Bewegungen genauso ihre Spuren im Gehirn hinterlassen, wie richtige, denn das Hirn unterscheidet nicht zwischen guten und schlechten, richtigen und falschen Schlägen. Die Bewegung, gleichgültig zu welchem Erfolg sie führt, aktiviert „blind“ die Neuronen und bahnt die Dentriten und Axone zu einem Netzwerk. Und der am häufigsten ausgeführte und damit am dichtesten vernetzte Schwung wird abgerufen. Dies gilt nicht nur dann, wenn der Spieler nicht weiß, wie der Schwung richtig ausgeführt werden soll. Auch wenn er weiß, was er tun soll, es aber nicht zustande bringt, wird die falsch ausgeführte Bewegung gespeichert. Eine nachträgliche Streichung im Gehirn nach dem Motto: „Den bitte nicht speichern, der war schlecht“, gibt es nicht.

Ausführen falscher Bewegungen verlängert den Lernprozess

Es zahlt sich also aus, besonders in der Anfangsphase vermehrt den Pro in Anspruch zu nehmen, damit er die richtigen Instruktionen gibt und auch das Training überwacht. Es besteht sonst die Gefahr, dass das Einüben von Fehlern den Erwerb richtiger Bewegungen überwiegt.

Auf jeder Driving Range können Sie Golfer beim mühsamen Einüben von Schwungfehlern beobachten.

Die Bewegungen, die durch Wiederholung im Hirn gebahnt werden, sollten zumindest in der Grundform richtig sein. Wenn der Übende das nicht zustande bringt, muss die Bewegung eben entsprechend erleichtert werden, wie zum Beispiel durch Aufteen des Balles, Verwendung kurzer Eisen oder Vereinfachung der Aufgabe (z. B. durch verkürzten Rückschwung).
Man darf sich aber nicht vorstellen, dass der Golfschwung im Hirn als fertiges Muster vorliegt und dann zentral gesteuert in eine Folge von Muskelimpulsen umgesetzt wird. Das wäre sehr unpraktisch, denn der Schlag wäre dann an unterschiedliche Situationen wie z. B. verschiedene Schlägerlängen oder Standpositionen (über dem Ball, unter dem Ball etc.) nicht anpassbar. Oder ich müsste für jede abweichende Situation einen eigenen Schlag gespeichert haben. Das Bewegungsmuster im Hirn ist vielmehr nur als ein grober Befehl aufzufassen. Die Feinform der Bewegung dürfte sich erst durch die Rückmeldungen aus dem Körper ergeben. Wie das allerdings genau passiert und welche Rolle dabei das Rückenmark spielt, kann man trotz der Fortschritte der Hirnforschung noch nicht sagen.

Untersuchungen haben jedenfalls ergeben, dass Üben unter variablen Bedingungen zu einer besseren Stabilisierung und gleichzeitig zu einer leichteren Modifizierbarkeit des Bewegungsmusters führt. Stereotype Schlagwiederholungen sind daher keine ideale Trainingsform. Üben unter wechselnden Bedingungen mit verschiedenen Bewegungsaufgaben bewirken, dass der Schwung sowohl stabil als auch anpassungsfähig an unterschiedliche Bedingungen wird.

Stereotype Schlagwiederholungen sind keine ideale Trainingsform.

Was sich wo im Hirn beim Erlernen und Abrufen eines Golfschwungs abspielt, kann man nicht genau sagen. Es gibt zwar so genannte bildgebende Verfahren, mit deren Hilfe man Hirnprozesse darstellen kann, wie z. B. Aufnahmen mit dem Kernspintomografen, aber es ist nicht möglich, einen Spieler in einem solchen Gerät schwingen zu lassen und dabei auch noch den Kopf millimetergenau zu fixieren. Das wäre aber notwendig, um die Hirnaktivitäten darstellen zu können. Vielleicht gibt es in Zukunft Verfahren, die solche Messungen möglich machen. Aus den Untersuchungen mit

bildgebende Verfahren zur Darstellung der Hirnaktivitäten

Lernen im Schlaf – ein Traum?

Den Golfschwung komplett im Schlaf zu erlernen muss leider ein Traum bleiben, aber so ganz von der Hand zu weisen ist es nicht. Das so genannte prozedurale Gedächtnis, in dem motorische Fertigkeiten wie Radfahren, Klavier spielen, Schilaufen und auch der Golfschwung gespeichert werden, hat die angenehme Eigenschaft, dass der Lernprozess nach dem praktischen Training im Hirn weiterläuft, aber nur dann, wenn der Lernende schläft. Untersuchungen haben gezeigt, dass motorische Leistungen nach dem Üben weiter verbessert werden, sofern die Testpersonen inzwischen geschlafen hatten. Wurde dieselbe Zeit im Wachzustand verbracht, konnte diese Leistungskonsolidierung nicht festgestellt werden. Auch wenn der Schlaf später nachgeholt wurde, stellte sich der Lerneffekt nicht mehr ein. Es scheint also so zu sein, dass das Hirn die Schlafphase, in der nur wenige äußere Informationen verarbeitet werden, dazu nützt, prozedurale Gedächtnisinhalte wie nach Betätigen der Replay-Taste nochmals durchzuspielen und die Vernetzung zu verbessern.
Wer also in eine Pro-Stunde investiert, sollte sich anschließend nicht die Nacht um die Ohren hauen.

anderen, einfacheren Handlungen, wie z. B. Fingerbewegungen, weiß man aber einiges. Zu Beginn, wenn eine motorische Fertigkeit mit bewusster Zuwendung erlernt wird, sind größere Areale in der Großhirnrinde aktiv. Bei zunehmender Übung verkleinern sich diese Bereiche, bis schließlich nur noch geringe oder keine Aktivität in der Großhirnrinde festzustellen ist. Die Bewegung wird nun von unbewussten, subcortikalen Zentren (nach derzeitigem Wissensstand sind dies das Kleinhirn und die Basalganglien) erledigt. Sie ist nun flüssiger, „sparsamer" und braucht keine bewusste Kontrolle mehr. Das bedeutet, dass sich im Laufe des Lernprozesses die Hirnaktivität beim Produzieren des Golfschwungs verlagert. Beim Abrufen eines automatisierten Schwunges werden also andere Hirnregionen aktiv als beim Erlernen mit Beteiligung des Bewusstseins.

Gut gelernter Schwung „wandert" in tiefere Hirnregionen.

Die Frage, wo sich ihr Golfschwung befindet, wenn Sie gerade nicht spielen, ist also gar nicht so leicht zu beantworten – es hängt vom Übungsgrad ab.

Golftraining vor dem Fernseher? Die Spiegelneuronen machen es möglich

Schwungtraining gemütlich auf der Couch vor dem Fernseher, davon träumt jeder Golfer. Es muss aber kein Traum bleiben, denn das funktioniert tatsächlich. Verantwortlich dafür sind die so genannten Spiegelneuronen. Vor einigen Jahren entdeckten Giacomo Rizzolati und sein Team an der Universität Parma eher zufällig bei Versuchen mit Makakken eine neue Gruppe von Nervenzellen im Gehirn, die sie Spiegelzellen nannten. Diese verbinden optische (und auch akustische) Wahrnehmung mit motorischer Aktivierung. Sie konnten feststellen, dass bestimmte Nervenzellen im Stirnhirn nicht nur dann aktiv wurden, wenn die Tiere eine bestimmte Tätigkeit selbst ausführten, sondern auch dann, wenn sie den Versuchsleiter bei dieser Handlung beobachteten.

motorische Aktivierung durch Beobachtung

Mittlerweile wurde die Existenz von Spiegelneuronen auch beim Menschen nachgewiesen. Forscher nehmen an, dass diese Nervenzellen eine besondere Bedeutung für das Verstehen von Handlungen, Gesten und dem mimischen Ausdruck anderer haben, denn durch die Aktivierung des eigenen motorischen Systems bei der Beobachtung fühlt man sich in das Verhalten des Mitmenschen (oder besser: des Mitlebewesens, denn es funktioniert auch bei Tieren) ein.

Man hat festgestellt, dass die motorische Aktivierung nicht nur durch optische Wahrnehmung, sondern auch durch Geräusche ausgelöst wird. Das könnte durchaus eine Anregung sein, das Ohr für das Golfspiel besser zu nutzen. Ein erster Schritt wäre, auf die Beziehung zwischen Bewegung und Schlaggeräusch zu achten. In der Folge könnte man den Schlag ausführen, nicht um einen bestimmten Ballflug, sondern ein bestimmtes Schlaggeräusch zu erzeugen. Es wäre zumindest eine interessante Variation des Trainingsalltags (siehe auch das Kapitel „Konzentration auf den Klang").

mit den Ohren trainieren

Die Entdeckung der Spiegelneuronen ist noch zu jung, um schon auf weiterführende Ergebnisse verweisen zu können.

Eine praktische Anwendung gibt es aber bereits: In Lübeck spielte man Schlaganfallpatienten Videos von Bewegungen vor, die sie früher beherrschten. Allein durch die Beobachtung und die dadurch erfolgten Hirnaktivitäten konnte die Rehabilitationszeit verkürzt werden.

Für die Anwendung im Golf liegen noch keine Forschungsergebnisse vor. Man kann aber sicherlich davon ausgehen, dass man auf diese Art nur solche Bewegungen erlernen, verändern oder festigen kann, die zum eigenen Repertoire gehören. Außerdem sollte man sich genau überlegen und mit dem Pro absprechen, welchen Schwung man sich als Lernmodell nimmt, denn nicht jeder eignet sich für das Kopieren, er muss schon zu den eigenen körperlichen Voraussetzungen passen.

bei Schwungfehlern diskret wegschauen

Da durch die bloße Beobachtung der Bewegung eines anderen Spielers eine Bahnung des eigenen Schlages, zumindest in Ansätzen, erfolgt, ist es ratsam, einem >*Flightpartner*, der einen Schwungfehler hat, den Sie selbst mühsam „verlernt" haben, beim Schlag nicht zu beobachten. Schauen Sie lieber diskret weg.

Mentales Training

Leider hat es sich eingebürgert, alles Mögliche als „Mentales Training" zu bezeichnen, von Konzentrationstechniken, Atemübungen, Entspannungsmethoden bis hin zu esoterischen Anwendungen. Diese unsinnige Ausdehnung hat auch dazu geführt, dass viele Forscher und Praktiker der Sache skeptisch gegenüberstehen. Zu Unrecht, wie eine amerikanische Forschergruppe (James E. Diskell et al. 1994) belegen konnte. Sie machten sich die Arbeit, eine riesige Menge von Studien anderer Autoren zu analysieren und eigene Experimente anzustellen. So gelang es ihnen, Klarheit in den Nebel zu bringen.

Probehandeln ohne körperliche Bewegung

Zunächst zur Frage: Was ist Mentales Training im Zusammenhang mit der Ausführung von Bewegungen? Es ist eine Übungstechnik, bei der der Vorgang, der zur Ausführung einer Bewegung notwendig ist, mental „durchgespielt" wird, ohne dass eine physische Bewegung erfolgt. Man könnte es auch als mentales Probehandeln ohne körperliche Bewegung bezeichnen. Eine übliche Instruktion für die mentale Übung einer Bewegung wäre daher: „Sitzen Sie ruhig und bewegen Sie sich nicht. Fühlen Sie, wie Sie die Bewegung (z. B. einen Golfschlag) vom Anfang bis zum Ende ausführen."

Driskell und seine Kollegen fanden folgende Hauptergebnisse:

- Mentales Training verbessert die Performance, ist aber weniger effektiv als physisches Training.
- Anfänger profitieren von Mentalem Training nicht oder kaum.
- Die positiven Effekte des Mentalen Trainings „verblassen" im Laufe der Zeit. (Das gilt selbstverständlich auch für das physische Training, wenn auch in geringerem Maße.) Nach ungefähr zwei Wochen ohne Training ist der Effekt auf die Hälfte geschrumpft, nach drei Wochen ist er so gut wie weg. Ein Auffrischungstraining wäre zumindest innerhalb von ein bis zwei Wochen notwendig.
- Weniger ist oft mehr. Zu langes Mentales Training beinhaltet die Gefahr, dass aufgrund der nachlassenden Konzentration die Bewegungsvorstellung nur noch ungenau und lückenhaft erfolgt und somit keinen positiven Effekt mehr hat. Die Autoren meinen, dass 20 Minuten eine ideale Trainingsdauer wären.

Mentales Training verändert die Hirnstruktur.

Mentales Training verändert das Gehirn. Es ist deshalb so wirkungsvoll, weil es die neuronale Vernetzung einer Bewegung im Hirn verbessert. Untersuchungen haben gezeigt, dass bei Mentalem Training dieselben Hirnareale aktiviert werden, wie bei der tatsächlichen Bewegung. Dies gilt aber nur dann, wenn man die Übung, z. B. einen Golfschlag, möglichst intensiv, mit allen Körpergefühlen erlebt. Die Vorstellung, dass man sich dabei von außen beobachtet, verändert die Hirnstruktur nicht. Und noch etwas hat sich herausgestellt: Der Erfolg Mentalen Trainings hängt vom Grad der Aufmerksamkeit ab, die man der Bewegungsvorstellung widmet.
Untersuchungen zeigen auch, dass die Fähigkeit, sich eine Bewegung genau und wirkungsvoll vorstellen zu können, eng an das Niveau geknüpft ist, auf dem man die Bewegung aus-

führen kann. Dies mag ein Grund dafür sein, dass, wie bereits erwähnt, Anfänger von Mentalem Training nur wenig, wenn überhaupt, profitieren. Aber selbst bei erfahrenen Golfern liegen oft Welten zwischen den Bewegungen und den Körper- oder Schlägerpositionen, die sie zu haben glauben, und dem, was sich tatsächlich abspielt. Das Staunen, wenn ein Schwung auf Video aufgezeichnet und vorgeführt wird, ist oft sehr groß.

Umlernen – das Schicksal jedes Golfers

In bester Gesellschaft

Als ein Journalist Tiger Woods fragte, was er im letzten Jahr an seinem Golfschwung geändert habe, sagte dieser schlicht: „Everything". Wenn Sie also Veränderungen an ihrem Schwung vornehmen, sind Sie in bester Gesellschaft. Leider ist es in diesem anspruchsvollen Sport nicht so, dass Sie den Schwung ein für allemal lernen und er Sie dann ein Golferleben lang begleitet. Allein um den Standard zu halten, muss man ständig an der Technik seiner Schläge arbeiten.

Das Umlernen einer gut eingeübten Bewegung stellt eine besondere Herausforderung dar und erfordert viel Geduld, Konsequenz und strategisch richtiges Vorgehen. Es gibt Beispiele von Profi-Golfern, die nach einer Schwungumstellung nie mehr „zurückgekehrt" sind. Die Entscheidung, ob Sie eine Schwungänderung vornehmen wollen, sollten Sie in jedem Fall mit einem Pro besprechen. Er kann am ehesten abschätzen, ob der erforderliche Aufwand in einem vernünftigen Verhältnis zum erwarteten Nutzen steht. Und Sie müssen sich die Frage beantworten, ob Sie die Geduld aufbringen, viel Zeit auf der Driving Range zuzubringen und auf Platzrunden und Turniere eine Zeit lang zu verzichten.

Schwungänderung will gut überlegt sein.

Die besondere Schwierigkeit beim Umlernen oder Modifizieren des Golfschwungs ergibt sich daraus, dass ein bestehendes Netzwerk im Hirn, das mit viel Üben aufgebaut wurde, zum Teil, aber eben nur zum Teil, durch ein anderes ersetzt werden soll. Wie bereits ausgeführt, besteht aber die Tendenz, dass in einem Zellverband immer dann, wenn einige Neuronen „feuern", das gesamte Muster ausgelöst wird. Jeder von uns kennt die Erlebnisse, dass beim Verändern von Gewohnheiten zunächst immer wieder die alten durchschlagen. Daher ist auch das Modifizieren von Bewegungen oft schwieriger als das Aneignen neuer. Es gibt leider keinen „Radiergummi", mit dem man nicht mehr gebrauchte Muster einfach entfernen könnte. Das Löschen von Verhalten erfordert genauso viel Übung wie das Erwerben. Das Hirn muss lernen, dass bei Aktivierung eines Teils der Neuronen des

Bestehendes Netzwerk wird nur zum Teil durch ein anderes ersetzt.

Netzwerks nicht, wie bisher, auch die übrigen, sondern andere mitaktiviert werden. Es müssen also gleichzeitig bestehende Verbindungen abgebaut und neue geknüpft werden. Kein Wunder, dass es mehrtausendfacher Wiederholung bedarf, bis das neue Muster „steht".

mehrtausendfache Wiederholung

Dazu ein Beispiel aus einem anderen Bereich, mit dem das Gemeinte ganz gut illustriert werden kann: Ich verbrachte einen dreiwöchigen Urlaub in einem Hotel. In dieser Zeit lernte ich, ohne dass mir das bewusst wurde, die Orientierung in meinem Zimmer. Ich hatte den Schlafraum, das Bad, die Terrasse, die Lage des Bettes, des Schranks, der Badewanne, des Waschbeckens etc. „verinnerlicht". Einige Wochen später kam ich wieder in dieses Hotel, hatte diesmal aber ein anderes Zimmer, das spiegelverkehrt, sonst aber völlig gleich angeordnet und eingerichtet war. Ich schaffte es in den drei Wochen, die ich wieder dort verbrachte, nicht, den neuen Raum zu „erlernen". Noch in den letzten Tagen des Aufenthalts ertappte ich mich dabei, dass ich, wenn ich aus dem Badezimmer trat, den Impuls hatte, statt nach links zum Schlafraum nach rechts zur Ausgangstür zu gehen. Wären die Zimmer völlig verschieden gewesen, hätte ich vermutlich den neuen Raum bereits nach wenigen Tagen gelernt. Durch die Ähnlichkeit der beiden Zimmer wurde aber immer wieder fälschlicherweise das alte Orientierungsmuster aktiviert. Und so reichten schließlich die drei Wochen nicht, die gespeicherte alte Raumwahrnehmung durch die neue zu ersetzen.

Die erste Phase des Umlernens läuft in der Regel so ab, dass die bewusste Aufmerksamkeit auf das Schwungdetail gelenkt wird, das verändert werden soll, wie zum Beispiel den Griff, die Schwungebene, die Schulterdrehung im Rückschwung und dgl. Da der Golfschwung ein „Gesamtkunstwerk" darstellt, an dem man nichts verändern kann, ohne dass sich auch andere Teile ändern, ist es wichtig, dass der Pro die Gesamtbewegung im Auge hat, damit nicht durch Fehlanpassungen an anderen Stellen der Nutzen des neu Gelernten zu einem Schaden für den gesamten Schwung wird. Durch tausendfache Wiederholung der neuen Bewegung entsteht schließlich im Gehirn ein Netzwerk, in dem nicht mehr gebrauchte Verbindungen geschwächt und neue geknüpft sind. Allerdings funktioniert dieses vorläufig nur mit der be-

Nicht gebrauchte Verbindungen werden geschwächt, neue geknüpft.

wussten Lenkung der Aufmerksamkeit auf das zu verändernde Schwungdetail. Die neue, richtige Bewegung ist also geknüpft an die bewusste Steuerung und Kontrolle. Sobald Sie abgelenkt sind und die bewusste Zuwendung zu diesem Detail fehlt, wird wieder der alte Schwung abgerufen.

Diese Situation ist vergleichbar mit der, wenn Sie einem Kleinkind beibringen wollen, vor dem Betreten der Wohnung die Schuhe abzuputzen. Ein mühsamer Lernprozess. Zunächst wird es notwendig sein, dass Sie das Kind, nennen wir es Max, vor jedem Überschreiten der Schwelle ganz bewusst und explizit darauf hinweisen, die erforderlichen Fußbewegungen durchzuführen. Wenn Sie darauf vergessen, weil Sie Ihre Gedanken gerade anderswo haben oder es absichtlich nicht tun, wird Max ohne Benützung des Abstreifers die Wohnung betreten, und das alte Muster wird wieder verstärkt. Nach einiger Zeit werden Sie beide etwas gelernt haben: Sie, dass Sie nicht darauf vergessen, Max an das Abstreifen zu erinnern und Max, dass er auf diesen Hinweis von Ihnen wartet und dann die Schuhe abputzt. Damit ist aber nichts gewonnen, denn Sie können sicher sein, dass er, wenn Sie nicht dabei sind und ihn erinnern, zum alten Muster greifen und die Wohnung mit schmutzigen Schuhen betreten wird. Der Lernprozess ist erst dann abgeschlossen, wenn Max vor Betreten der Wohnung beim Anblick der Eingangstür ganz „automatisch" und unbewusst die Schuhe abputzt, auch wenn Sie ihn nicht daran erinnern und die Durchführung nicht überwachen. Und wenn er dies nicht nur bei der Wohnung der Eltern, sondern auch bei anderen Übergängen vom Freien in einen Innenraum tut.

Und genauso ist es beim Umlernen des Golfschwungs, ersetzen Sie nur die Erziehungsperson durch Bewusstsein und Max durch das Unbewusste. Der Umlernprozess ist (vorläufig) abgeschlossen, wenn er ohne bewusstes Auslösen, Steuern und Überwachen funktioniert, wenn Sie also mit Ihrem Bewusstsein nicht eingreifen müssen.

Der Umlernprozess ist abgeschlossen, wenn er ohne Bewusstsein funktioniert.

Test für den neuen Schwung

Wie kann man testen, ob der im Gehirn gespeicherte Schwung schon die Form hat, die man anstrebt oder, anders ausgedrückt, ob der neue Schwung im Gehirn schon ausreichend vernetzt ist? Eigentlich ganz einfach: indem man ihn ohne steuernde Beteiligung des Bewusstseins ablaufen lässt. Das könnte etwa dadurch geschehen, dass man das Bewusstsein durch eine Zusatzaufgabe ablenkt. Möglichkeiten dafür werden im Kapitel „Der Schwung des Unbewussten" beschrieben. So lange zwischen den Schwüngen, die mit bewusster Aufmerksamkeit auf ein Schwungdetail ausgeführt werden und denen, die unbewusst ablaufen, noch Unterschiede bestehen, ist das neue Bewegungsmuster noch nicht genügend gefestigt und der Versuch, das Gelernte auf den Platz zu übertragen, ist sinnlos.

Schwünge mit und ohne bewusste Steuerung müssen sich gleichen.

Dieser Test: „Was macht mein Schwung, wenn ich ihn nicht bewusst steuere?" entspricht in unserem Beispiel mit Max der Überprüfung: „Putzt er sich die Schuhe ab, wenn ich ihn nicht daran erinnere oder wenn ich überhaupt nicht dabei bin?" Wer den Schwung immer mit bewusster Aufmerksamkeit begleitet, wird nie, auch nicht nach noch so vielen Wiederholungen, auf diese Steuerung verzichten können, denn sie ist zum Bestandteil des erlernten Musters geworden. Das Weglassen der bewussten Steuerung muss schrittweise in das Training eingebaut werden, bis es schließlich überflüssig wird. Das heißt: Es genügt nicht, die Bewegung durch Wiederholung zu automatisieren, es muss auch die Trennung von der bewussten Steuerung trainiert werden.

schrittweiser Abbau der bewussten Steuerung

Von der Driving Range auf den Platz. Das Geheimnis des Bermuda-Dreiecks

Wir lernen nicht für die Driving Range, sondern für das Spiel auf dem Platz. Es kommt also der spannende Moment, in dem wir das Gelernte auf einer Runde anwenden möchten. Und da passiert es dann: Alles, was beim Üben noch so klaglos ablief, klappt nun nicht. Der alte, schon überwunden geglaubte Fehler, ist wieder da. Und Sie stehen vor der Entscheidung: Kehre ich zurück zu meinem alten Schwung, oder probiere ich weiter das Neue und riskiere Fehlschläge, Frustration, nachsichtige Kommentare der Flightpartner und eine Beschädigung des Egos? Möglicherweise ist es sogar so, dass Sie total hilflos sind, weil der neue Schwung noch nicht und der alte nicht mehr funktioniert. Was ist hier passiert?

Irgendwo auf dem Weg von der Driving Range zum ersten Abschlag muss sich eine geheimnisvolle Zone befinden, ein Bermuda-Dreieck, in dem zwar nicht Schiffe, sondern andere Dinge verschwinden, wie z. B. Zuversicht, gute Vorsätze oder der eben noch gut funktionierende Schwung.

das Bermuda-Dreieck zwischen Driving Range und 1. Abschlag

Wir können davon ausgehen, dass der Druck auf dem Platz größer ist als auf dem Übungsgelände. Was passiert unter Druck? Einerseits besteht dabei die Tendenz, die Aufmerksamkeit auf Details der Ausführung zu lenken. Das allein wäre aber kein Problem, denn auf diese Art lief der Umlernprozess in der ersten Phase ab, und es hat funktioniert. Unter Druck ereignet sich nach der Ablenkungstheorie aber noch etwas Weiteres. Wenn das Hirn im bewussten Modus arbeitet, ist es auf die beschränkte Kapazität des Arbeitsspeichers angewiesen. Unter Druck drängen sich aber andere, ablenkende Inhalte in das Bewusstsein, sodass seine Kapazität zur Steuerung der Bewegung nicht mehr ausreicht. Das ist der Grund, warum bewusste Bewegungssteuerung auf der Driving Range in der Regel funktioniert, auf dem Platz bzw. unter Druck jedoch meist versagt. In diesem Fall würde dann, je nachdem, wie weit der Lernprozess bzw. die Vernetzung des neuen Schwunges fortgeschritten ist, entweder das alte Bewegungsmuster oder eine unverträgliche Mischung aus alt und neu abgerufen werden.

Bewusste Steuerung versagt auf dem Platz.

In dieser Situation kehren viele Golfer frustriert wieder zu ihrem alten Schwung zurück, sofern dieser noch vorhanden ist. Damit wird aber der bisherige Lernprozess geschwächt und das alte Netzwerk im Hirn wieder aktiviert. Taktisch richtig wäre es, in kleinen Schritten mit langsam steigendem Druck vorzugehen und nie mehr zum alten Schwung zurückzukehren. Wenn sich wieder alte Bewegungsmerkmale einschleichen, dann lieber wieder einen Schritt zurück zu weniger Druck aber richtiger Bewegung tun.

zurück zur Driving Range statt zurück zum alten Schwung

In der Lernphase ist Druck schädlich, denn er stört den Prozess und schwächt den Übungsfortschritt. Um aber das Gelernte zu festigen und auf den Platz übertragbar zu machen, ist es sinnvoll, die Bedingungen auf der Driving Range mög-

Virtuelle Golfrunden auf der Driving Range

Einer der Gründe, warum es auf der Driving Range besser klappt als auf dem Platz, liegt darin, dass sehr viele Golfer lange Serien mit demselben Schläger trainieren. Diese Methode ist gut geeignet, den Bewegungsablauf zu automatisieren auf dem Platz aber stehen wir vor der Situation, unterschiedliche Schläger in „bunter Folge" verwenden zu müssen. Um dafür gerüstet zu sein, ist es sinnvoll, schon auf der Driving Range eine konkrete Golfrunde zu simulieren und die dafür erforderlichen Schläge mit dem passenden „Werkzeug" zu spielen.

lichst eng an die „Ernstsituation" anzunähern und den Druck schrittweise zu erhöhen.
Eine Trainingsfolge mit ansteigendem Druck könnte etwa so aussehen:

Auf der Driving Range

- Einübung der neuen Bewegung mit bewusster Lenkung der Aufmerksamkeit auf das zu ändernde Schwungdetail
- Üben der neuen Bewegung mit schrittweiser Zurücknahme der bewussten Steuerung
- Üben der neuen Bewegung ohne bewusste Steuerung unter erschwerten Bedingungen (z. B. mit Störgeräuschen, kleinen Wettkämpfen, „virtuellen Golfrunden" etc.)

Auf dem Platz

- Spielen mit der neuen Bewegung ohne bewusste Steuerung unter erleichterten Bedingungen, z. B. Spielen allein oder mit Pro mit zwei Bällen (sofern keine anderen Spieler dadurch gestört werden) ohne Zählen des Scores
- Spielen allein mit Zählen des Scores
- Spielen im Flight
- Spielen mit Anreiz (um die Getränke o. ä.)
- Turnier

 Und nun viel Spaß und Geduld beim Umlernen.

Der Schwung des Unbewussten

Spielen im unbewussten Modus

Da stehen Sie also mit dem Eisen 5, um das Grün anzuspielen, dazwischen ein Wasserhindernis. Wenn dieser Schlag gelingt, stehen Ihre Chancen gut, Ihr Handicap zu verbessern. Ein ganz normaler Schlag, den Sie tausendfach geübt haben. Ihr Unbewusstes beherrscht ihn perfekt. Es geht darum, zu verhindern, dass sich das Bewusstsein einmischt und mit der Ausführung beschäftigt. Ein Gespräch unter Freunden mit dem Bewusstsein und dem Unbewussten, die Sie beide für den Schlag brauchen, könnte sich so abspielen: „Liebes Bewusstsein. Du hast mich zum Golf gebracht. Du hast mich zum Trainieren angehalten und warst kritisch, sodass mein Schwung immer besser wurde. Du hast mich heute hierher geleitet. Du hast die richtige Entscheidung getroffen, welchen Schläger ich nehmen und wohin ich zielen soll. Ich danke dir für alles. Aber jetzt lass das Unbewusste den Schlag ausführen." Und zum Unbewussten: „Fühle dich frei, deinen ganz normalen Schlag zu machen. Ich werde jedes Ergebnis annehmen."

ein Gespräch unter Freunden

Ein solches stummes Gespräch schafft schon einmal eine gute Stimmung. Es ist aber noch mehr zu tun, denn das Bewusstsein wird nicht so ohne weiteres auf sein (Gewohnheits-)Recht verzichten, sich in die Schlagausführung einzumischen. Und das Unbewusste wird, wie es das gewohnt ist, das Bewusstsein einschalten – und dies umso eher, je größer der Druck ist. Daraus entsteht eine paradoxe Situation:

Der Teil in uns (das Bewusstsein), der selbst keinen Golfschlag kann, möchte dem Teil (dem Unbewussten), der ihn gespeichert hat, Vorschriften machen, wie er auszuführen ist.

Es ist notwendig, dass Sie aktiv das Bewusstsein daran hindern, sich einzumischen, damit das Unbewusste erfahren kann, dass es diese „Hilfe" des Bewusstseins nicht braucht. Dass bewusste Vorstellungen und Gedanken den Fluss automatisierter Bewegungen stören können, ist beileibe keine

Konzentration ja, aber worauf?

Ein Leben lang wurde uns von den Eltern, Lehrern und Vorgesetzten eingetrichtert: „Konzentriere dich auf das, was du tust.“ Sollte das falsch gewesen sein? Natürlich nicht, sofern sich diese Aufforderung auf solche Tätigkeiten bezog, die die bewusste Aufmerksamkeit erfordern. Wenn Sie die Koffer für den Urlaub packen, eine Einkaufsliste erstellen, die Betriebsanleitung für den DVD-Player studieren, den Staubsauger reparieren oder ähnliche Dinge tun, sind Sie gut beraten, sich auf das zu konzentrieren, was Sie tun und sich nicht ablenken zu lassen.

Bei Tätigkeiten, die im Unbewussten gespeichert sind, ist das anders: Fordert man zum Beispiel einen erfahrenen Autofahrer auf, konzentriert zu fahren, meint man sicherlich nicht, dass er auf das Schalten und Lenken achten soll, sondern auf die Verkehrssituationen, auf die er zu reagieren hat. Und der geübte Tennisspieler wird seine Konzentration auf den Gegenspieler und den Ball lenken, nicht aber auf seine eigenen Bewegungen. Die Aufmerksamkeit des Golfers ist beim Abrufen des Schlages ebenfalls nicht auf das gerichtet, was er tut, sondern darauf, das Bewusstsein zu fixieren, damit sich das ereignet, was er „will“.

neue Erkenntnis, wir verfügen aber erst seit relativ kurzer Zeit über die wissenschaftlichen Begründungen dafür. Intuitiv hatten dies viele erfolgreiche Spieler und Coaches erkannt. Bob Rotella zum Beispiel beschwört in seinem Buch „Golf ist Selbstvertrauen“ die Leser geradezu, auf dem Golfplatz, zum Unterschied von der Driving Range, keine bewusste Schwungvorstellung zu haben: *„Die beste Schwungvorstellung ist keine Schwungvorstellung.“* Als ob es möglich wäre, das Bewusstsein einfach auszuknipsen.

Leider ist es nicht möglich, dem Bewusstsein einfach zu sagen, es soll sich aus der Schlagausführung heraushalten. Es mischt sich ungefragt ein und dies vornehmlich dann, wenn wir unter Druck stehen und wenn ein gutes Ergebnis besonders wichtig wäre. Warum können wir es nicht willentlich steuern, ob das Bewusstsein eingeschaltet wird oder nicht? Weil das Unbewusste entscheidet, ob eine Handlung mit Beteiligung des Bewusstseins abläuft. Und es tut dies, so ist das Hirn programmiert, in den Situationen, in denen Wichtigkeit oder eine Gefährdung signalisiert wird, oder wenn keine Erfahrungen vorliegen. Auf diese Weise werden wir im täglichen Leben gewarnt und geschützt, auch wenn wir durch eine andere Tätigkeit abgelenkt sind. Im Golf aber, wenn es darum geht, einen gut gelernten Schwung abzurufen, ist diese an sich sinnvolle Regelung kontraproduktiv. Das Unbewusste schaltet das Bewusstsein wegen der Bedeutung des Schlages für das Ich ein; wegen der Chance, dass das Ego aufgewertet wird, oder der Gefahr, dass es Schaden nehmen könnte.

Das Unbewusste schaltet das Bewusstsein ein.

Bedeutung des Schlages für das Ego

Sie können natürlich versuchen, dem Ich einzureden, dass der Schlag nicht wirklich wichtig ist. Vielleicht glaubt es Ihnen. Ich schlage einen anderen Weg vor, nämlich den, das Bewusstsein aktiv abzulenken, damit es sich nicht in die Schlagausführung einmischt. Dadurch erfährt das Unbewusste, dass es auch ohne Bewusstsein geht und dieses wird nicht mehr „eingeladen“, die Bewegung zu kontrollieren. Dies bedeutet, dass es leider – auch im mentalen Bereich – nicht ohne einen ausgiebigen Lernprozess geht, durch den Sie in die Lage versetzt werden, Ihr Bewusstsein zu kontrollieren und nicht Ihren Golfschwung. Dafür brauchen Sie Geduld. Sie dürfen nicht vergessen, dass Sie Golf jahrelang im bewussten Modus gespielt haben und dass Sie vermutlich auch im Berufs- und Alltagsleben mit bewusster Kontrolle der Handlungen zum Erfolg kommen wollen. Andererseits werden Sie verblüfft sein, wie gut Ihr Unbewusstes funktioniert, wenn Sie es nur zulassen.

aktive Ablenkung des Bewusstseins

Auf der Driving Range oder auch bei relativ bedeutungslosen Schlägen auf der Runde gelingt es ziemlich leicht, das Bewusstsein aus der Schlagausführung herauszuhalten, denn das Unbewusste sieht keinen Anlass, es zu Hilfe zu holen. Die Situation wird nicht als so wichtig oder bedrohlich eingestuft, Angst und Selbstzweifel sind gering. Mit zunehmendem Druck wird die Sache jedoch immer schwieriger. Beim mentalen Üben ist es wie beim Techniktraining: Was auf der

Bewusst unbewusst

Der Weg zum Erfolg, so könnte man sagen, ist gepflastert mit Paradoxien, also mit Zuständen, die es von der Logik her gar nicht geben dürfte. Aber manche Dinge funktionieren eben nicht logisch, sondern psycho-logisch. Es gibt eine Reihe von Ansätzen, wie man seine beste Leistung abrufen kann. Allen ist gemeinsam, dass der mentale Zustand, in dem das passieren soll, mit widersprüchlichen, sich gegenseitig ausschließenden Begriffen beschrieben wird.

Mein Golffreund Luis pflegt zu sagen, dass er die „gespannte Lockerheit" anstrebe. Damit ist er begrifflich sehr nahe bei Tim Gallwey, der „konzentrierte Entspannung" empfiehlt. Der Zen-Meister, der Eugen Herrigel im Bogenschießen unterwies, bezeichnete den angestrebten Zustand als „absichtslose Gespanntheit", womit der Schüler zunächst nichts anzufangen wusste. „Ich soll also mit Absicht absichtslos werden?", fragte er verzweifelt. „So hat mich noch kein Schüler gefragt und ich weiß daher die rechte Antwort nicht", erwiderte der Meister.

Ich möchte diesen Paradoxien eine weitere hinzufügen und zwar die Aufforderung, den Golfschwung bewusst unbewusst ablaufen zu lassen. Das erscheint wie ein Widerspruch, ähnlich wie absichtlich absichtslos, ist aber eigentlich keiner. „Bewusst" bedeutet in diesem Zusammenhang, dass ich meine Aufmerksamkeit auf einen bestimmten Wahrnehmungsinhalt lenke. Und damit wird das Unbewusste befreit, das zu tun, was es kann. Insofern ist es so etwas, wie ein bewusst herbeigeführter unbewusster Vorgang.

Driving Range klappt, muss im Turnier noch lange nicht funktionieren. Das Voranschreiten zu Situationen mit höherem Druck macht erst Sinn, wenn die Schläge unter geringerem psychischen Stress funktionieren.

Das Bewusstsein lässt sich nicht „ausknipsen", es ist ständig wach. Um es also daran zu hindern, sich in störender Weise in die Schlagausführung einzumischen, müssen wir es mit etwas anderem beschäftigen. Eine Ablenkung des Bewusstseins ist grundsätzlich möglich. Schauen Sie sich einmal selbst beim Denken und Wahrnehmen zu: Sie werden merken, dass Sie so etwas wie einen „Beobachter" im Gehirn haben, der Ihnen sagt, worauf Ihr Bewusstsein im Augenblick gerade gerichtet ist. Und Sie können ihr Bewusstsein willentlich auf eine Wahrnehmung, eine Vorstellung oder einen Gedanken lenken. Das Problem ist nur, dass es nicht dabeibleibt. Das Bewusstsein ist wie ein Affe, der nicht stillsitzen kann und ständig von einem Ast zum anderen hüpft. Es ist uns, sofern wir nicht darin geübt sind, kaum möglich, uns auch nur für eine Minute auf einen Gegenstand zu konzentrieren. Schon beschäftigt sich unser Bewusstsein wieder mit anderen Dingen und hüpft und hüpft und hüpft.

Das Bewusstsein ist wie ein Affe ...

Das Ganze wird umso schwieriger, je größer der psychische Druck ist. Dann steigt die Wahrscheinlichkeit, dass die Initiative auf das Bewusstsein übergeht. Da das Unbewusste entscheidet, ob das Bewusstsein eingeschaltet wird, ist es notwendig, es davon zu überzeugen, dass der Schwung auch (oder gerade) ohne diese fragwürdige Hilfe funktioniert. Der Lernprozess besteht darin, dass Schläge ohne Beteiligung des Bewusstseins in Situationen ansteigenden psychischen Drucks geübt werden. Das Unbewusste lernt nicht durch Argumente, sondern durch Erfahrung.

Das Unbewusste lernt durch Erfahrung.

Fassen wir die wichtigsten Fakten zusammen:

- **Unter erhöhtem Druck kann es zu einem Abfall der Leistung kommen (choking under pressure).**
- **Im Amateur-Golf ergibt sich der Druck meist aus einer erhöhten Ego-Bedeutung des Ergebnisses.**
- **Unter Druck besteht die Tendenz, dass sich das Bewusstsein in die Schlagausführung einmischt.**
- **Gut gelernte (automatisierte) Bewegungen sind im Unbewussten gespeichert und brauchen keine bewusste Auslösung oder Kontrolle.**

- **Das Einschalten des Bewusstseins stört den Ablauf gut gelernter Bewegungen.**
- **Das Unbewusste schaltet das Bewusstsein ein, wenn etwas als wichtig bewertet wird. Situationen, in denen das Ich auf dem Spiel steht, sind wichtig (siehe oben).**

Ich stelle Ihnen nun einige Techniken vor, mit deren Hilfe das Bewusstsein auf einen Wahrnehmungsinhalt fixiert und so von der Einmischung in die Schlagausführung abgehalten werden kann.

Konzentration auf den Ball

Die Idee bei dieser Übung besteht darin, das Bewusstsein von der Beschäftigung mit Details des Golfschwungs dadurch abzuhalten, dass es auf einen Gegenstand oder ein Ereignis außerhalb des Körpers gerichtet ist. Grundsätzlich könnte man dafür jeden Sinneskanal verwenden, ich möchte mich zunächst mit dem Sehen, d. h. mit der visuellen Fixierung eines Gegenstandes beschäftigen.
Die Auswahl an Objekten, die man während des Golfschlags mit den Augen fixieren kann, ist nicht sehr groß, denn man

Fixierung eines Punktes auf dem Ball

kann den Blick vom Ball nicht abwenden, ohne einen Fehlschlag zu riskieren. Unser Konzentrationsgegenstand ist also der Ball. Aber nicht der Ball als Ganzes – das wäre viel zu ungenau. Suchen Sie sich auf dem Ball einen Punkt, zum Beispiel einen Buchstaben eines Schriftzuges, die aufgedruckte Ziffer oder einen bestimmten >*Dimple*. Es genügt aber nicht, den Blick darauf gerichtet zu haben, denn da könnten dennoch die Gedanken und Bilder weiter laufen.

Wenn Sie sich intensiver mit dem Bewusstsein beschäftigen, werden Sie merken, dass es einen Bereich gibt, in dem die Inhalte ganz klar hervortreten. Es gibt aber auch Ränder des Bewusstseins und einen Hintergrund, an denen nur unklar und verschwommen wahrgenommen wird. Es ist also wichtig, den Konzentrationsgegenstand in das Zentrum des Bewusstseins zu holen, ihn nicht in den Hintergrund oder an den Rand abgleiten zu lassen.

Das Konzentrationsobjekt im Zentrum des Bewusstseins

Seien Sie mit Ihrem gesamten Bewusstsein bei diesem Punkt und stellen Sie eine starke Verbindung her. Das Bild dieses Punktes soll Ihr gesamtes Bewusstsein ausfüllen. Verkrampfen Sie sich dabei aber nicht, sondern lassen Sie diese Verbindung zu. „Hypnotisieren" Sie den Punkt nicht, sondern lassen Sie ihn an sich herankommen. Ihre Aufgabe ist es nun, die Verbindung zu diesem Punkt während des gesamten Schlages aufrecht zu erhalten, und zwar so lange, bis der Punkt vom Schläger oder Putter bewegt wird.

Wir üben im täglichen Leben kaum, uns auf eine Sache zu konzentrieren. Meist sind wir mit zwei oder mehr Dingen gleichzeitig beschäftigt: Wir blättern in der Zeitung und sehen gleichzeitig fern, wir fahren mit dem Auto und telefonieren, wir essen und lesen ein Buch. Dabei machen wir diese Tätigkeiten nicht eigentlich gleichzeitig, vielmehr springen wir mit unserem Bewusstsein ständig hin und her. Das ist eine Fähigkeit und gleichzeitig ein Fluch, denn wir können nicht bei einer Sache bleiben. Kinder sind anders. Sie machen eine Sache ganz, mit allen Sinnen. Wenn sie spielen, versinkt die Welt um sie.

Sie werden sehen, dass es gar nicht so einfach ist, bei einem Wahrnehmungsgegenstand zu bleiben. Obwohl ein Golf-

Wandern und Sinken

In der Meditation werden solche Techniken, sich auf ein Objekt zu konzentrieren und dabeizubleiben, geübt. Die zwei Probleme, die dabei auftreten, sind „Wandern“ und „Sinken“. Es sind das die zwei Phänomene, die ich schon angesprochen habe:

- Dem Bewusstsein wird schnell fad. Es ist an neuen, interessanten und aufregenden Eindrücken interessiert. Wenn sich nichts tut, wie zum Beispiel bei der Konzentration auf einen ruhenden, sich nicht verändernden Gegenstand, wandert es gerne weiter zu anderen Gedanken, Vorstellungen und Wahrnehmungen.
- Das Bewusstsein ermüdet rasch. Wenn es gezwungen wird, bei einem Objekt zu bleiben, wehrt es sich und lässt dieses in den Hintergrund sinken, wo es zwar noch vorhanden, aber verschwommen und unklar ist.

Dagegen hilft nur, dass der „Beobachter“ im Hirn das Wandern oder Sinken feststellt und das Bewusstsein immer wieder zurückholt.

schlag nur 1 bis 2 Sekunden dauert, hat das Bewusstsein immer wieder die Tendenz, sich vom Punkt auf dem Ball zu lösen und sich mit anderen Dingen, vornehmlich mit der Schlagausführung, zu beschäftigen. Aber mit Übung wird es immer besser. Diese Technik eignet sich für jeden Schlag, vom Putt bis zum Drive.

Und so können Sie üben: Bewerten Sie auf einer Skala von 1 bis 5, wie gut es Ihnen gelungen ist, den Ball zu fixieren. Das Schlagergebnis ist sekundär. Die Bewertung soll berücksichtigen, ob es Ihnen gelungen ist,

- die Fixierung des Punktes auf dem Ball aufrecht zu erhalten, ohne dass es zu Unterbrechungen oder Abschweifungen kam,
- das gesamte Bewusstsein auf den Punkt auf dem Ball zu lenken, sodass kein Platz für andere Wahrnehmungen oder Gedanken bestand,
- die Fixierung bis zum Treffen des Balls aufrecht zu erhalten.

Eine gute Kontrollmöglichkeit besteht auch darin, zu prüfen, ob Sie sich an Details des eben ausgeführten Schlages erinnern können. Wenn ja, so ist das ein Hinweis darauf, dass das Bewusstsein den Schlag begleitete (Sie erinnern sich: Bewusstsein ist immer Bewusstsein von etwas). Wenn Sie sich an kein Bewegungsdetail erinnern können, so ist das ein Zeichen dafür, dass Sie unbewusst geschlagen haben.

Für die Konzentration ist es gleichgültig, welchen Punkt auf dem Ball Sie wählen. Allerdings hat die Lage des fixierten Punktes auf dem Ball offensichtlich einen Einfluss auf die Schlagbewegung bzw. auf den Auftreffpunkt des Schlägerblattes. Je nachdem, ob Sie einen Punkt im oberen oder unteren Teil des Balles fixieren, wird sich der Ballflug ändern. Probieren Sie es aus. Es macht auch einen Unterschied, ob Sie einen Punkt im vorderen oder hinteren Teil des Balles fixieren. Damit der Ball nicht „fett" getroffen wird, ist es hilfreich, einen Punkt auf dem vorderen Teil des Balles zu fixieren. Um ein >*Toppen* zu vermeiden, ist es ratsam, einen Fixationspunkt am hinteren Rand des Balles zu wählen.

Lage des fixierten Punktes auf dem Ball

Ein Vorteil dieser Technik der Konzentration auf einen Gegenstand besteht darin, dass Sie sie zu jeder Zeit und an jedem Ort üben können. Sie brauchen dafür keinen Golfplatz und keinen Golfschläger. Konzentrieren Sie sich auf einen Punkt in Ihrer Umgebung, betrachten Sie ihn mit Ihrem gesamten Bewusstsein und lassen Sie sich von nichts und niemand ablenken. Um die Schwierigkeit zu steigern, können Sie dazu laute Musik laufen lassen oder gleichzeitig eine Bewegungsaufgabe, zum Beispiel das Binden eines Knotens, durchführen.

Üben jederzeit und an jedem Ort möglich

Konzentration auf den Klang

Eine weitere Möglichkeit, das Bewusstsein davon abzuhalten, sich mit Details der Schlagausführung zu beschäftigen, liegt darin, sich auf den Klang zu konzentrieren, der entsteht, wenn der Schlägerkopf den Ball trifft. Das ist zum einen eine gute Variante, das Bewusstsein zu fixieren. Es hat dabei die Aufgabe, festzustellen, wie der Klang war, ob hell oder dunkel, „knackig" oder „verschwommen", metallisch oder hölzern, hart oder weich oder welche Qualitäten Sie sonst noch feststellen können. Diese mentale Übung ist dann gut gelungen, wenn Sie den Klang nach dem Treffen noch gut im Ohr haben und ihn präzise beschreiben bzw. einordnen können.

Verbindung von Klang und Qualität des Schlages

Der zusätzliche Nutzen dieser Methode ergibt sich daraus, dass zwischen dem Klang und der Qualität des Ballkontakts ein deutlicher Zusammenhang besteht. Wenn man auf der Driving Range anderen Golfern beim Bälleschlagen nur zuhört, kann man sehr zuverlässig gute von weniger gelungenen Versuchen unterscheiden. Der Klang ist von vielen Faktoren abhängig, wie zum Beispiel vom zentralen Treffen im >*Sweetspot*, von der Schlägerkopfgeschwindigkeit, vom Laufen-Lassen des Schlägers, vom cleanen Treffen des Balles, von der Festigkeit des Griffes und noch anderen. Zusätzlich haben die Schläger ihren eigenen charakteristischen „Sound". Um also einen bestimmten Klang zu erzeugen, ist es nicht zielführend, sich auf ein Bewegungsdetail zu konzentrieren, denn er ist das Ergebnis des gesamten Schwunges.
Ein weiterer Nutzen dieser Methode besteht darin, dass man mit der Klangvorstellung das Bewegungsmuster abrufen kann, das geeignet ist, diesen Klang herzustellen. Ermöglicht wird das durch Verbindungen im Hirn zwischen akustischer Wahrnehmung und Motorik (siehe Kapitel über „Spiegelneuronen"). Es ist ein neues und interessantes Gefühl, den Schläger zu schwingen und den Ball zu schlagen, um einen Klang zu erzeugen.

Visualisieren des Ziels

Golf ist eigentlich ein Zielsport. Es wäre daher naheliegend, ähnlich wie beim Schießen, bei Dart oder bei Würfen im Handball oder Basketball, das Ziel zu fixieren. Im Golf ist das leider nicht möglich, denn dann würde man den Ball aus den Augen verlieren. Es gibt aber eine Möglichkeit, das Ziel zu fixieren und gleichzeitig den Ball im Auge zu behalten: indem man das Ziel mit dem „geistigen Auge" sieht, es visualisiert. Gemeint ist damit, das Ziel zunächst mit den Augen genau abzutasten und dann das Bild davon im Kopf entstehen zu lassen. Der Blick ist beim Schlag auf den Ball gerichtet,

Visualisieren des Ziels und Projektion in das Blickfeld

Ziel und Ball gleichzeitig im Visier

während das Bild des Ziels im Geist „reproduziert“ und in das Blickfeld projiziert wird.

Auch dafür ist sehr viel Übung notwendig, und meiner Erfahrung nach tun sich manche Menschen beim Visualisieren von vorneherein leichter als andere. Bei dieser Technik kommt es darauf an, das Bild des Ziels sehr genau zu betrachten und in sich aufzunehmen. Besonders bei Putts, Chips und Pitches ist es wichtig, auch den Bereich vom Standort bis zum Ziel präzise abzutasten, um einen zuverlässigen Eindruck von der Entfernung zu bekommen.
Die Qualität der Visualisierung hängt davon ab, wie gut es gelingt, das Bild farbig und klar erstehen zu lassen. Für die Aufrechterhaltung der Vision während des Schlages gelten dieselben Kriterien, wie für das Fixieren des Balls. Machen Sie auch beim Üben dieser Technik eine Bewertung von 1 bis 5. Ich empfehle, bereits beim Probeschwung das Ziel zu visualisieren.
Wenn Sie in dieser Technik noch nicht sehr geübt sind, wird es Ihnen passieren, dass das innere Bild beim Ansprechen des Balls verblasst oder ganz verschwindet. Keine Panik. Schauen Sie nochmals ruhig auf das Ziel und lassen Sie das

Bild davon im Geist erstehen. Je gelassener Sie das tun, desto eher wird es gelingen.
Bei Drives und anderen Schlägen, mit denen das Grün nicht direkt angegriffen wird (zum Beispiel der zweite Schlag für „Normalverbraucher" bei einem >*Par* 5), wählt man für die Visualisierung am besten einen markanten Punkt, der in der angepeilten Richtung liegt. Es ist nicht zu empfehlen, den geplanten Landepunkt des Balles dafür zu wählen, da sich dieser meist nicht sehr deutlich von der Umgebung abhebt. Ein Punkt am Horizont (ein Baum, ein Mast, ein Haus o.ä.) eignet sich dafür besser, da er leichter zu visualisieren ist.

Visualisierung eines markanten Punktes in der Landschaft

Das Visualisieren des Ziels hat nicht nur den Effekt, das Bewusstsein von der Schlagausführung abzulenken, es kommt noch ein weiterer Nutzen hinzu: Die Prozesse der Selbstregulierung werden aktiviert. Ihr Unbewusstes stimmt die Bewegungen auf das visualisierte Ziel ab. Es funktioniert dann ähnlich, wie zum Beispiel bei einem Dart-Spieler, der sich ganz auf das Ziel konzentriert und dessen Wurfbewegungen automatisch darauf ausgerichtet werden, es zu treffen.

Selbstregulierung durch Visualisierung

Die Methode der Visualisierung eignet sich für alle Golfschläge, besonders aber für das kurze Spiel, für Pitches, Chips und Putts, da bei diesen Schlägen die Zielgenauigkeit besonders wichtig ist und die Länge der jeweiligen Situation angepasst werden muss (siehe auch das Kapitel „Anpassung des Schwunges an die Situation"). Für Chips ergibt sich dabei die Frage, welches Bild man visualisieren soll, den geplanten Landepunkt des Balles oder das Loch? Ich würde sagen: Das hängt von der „Philosophie" ab, mit der man diese Schläge ausführt. Manche Spieler verwenden zum Chippen immer dasselbe Gerät, z. B. ein Pitching Wedge und passen die Schwungbewegung der zu überwindenden Entfernung an. Sie gehen dabei eigentlich wie beim Putten vor; man hat auch keine verschiedenen Putter für unterschiedliche Entfernungen vom Loch, sondern man variiert die Schlagbewegung. Bei dieser Technik kann man beide Methoden anwenden, die Visualisierung des Landepunktes oder des Ziels.

Ziel oder Landepunkt

Die andere „Philosophie" beim Chippen besteht darin, immer die selbe standardisierte Schwungbewegung zu machen und die Länge durch die Verwendung von Schlägern mit unter-

schiedlichem >*Loft* zu variieren, also zum Beispiel ein Sandwedge für kurze und ein Eisen 7 für längere Chips zu verwenden. Für diese Spieler ist es in jedem Fall ratsam, den geplanten Landepunkt des Balles zu visualisieren. Dies unterstützt die Ausführung der standardisierten Bewegung. Außerdem ist der Landepunkt und somit die Ausrichtung häufig nicht auf der Linie zum Ziel. In diesem Fall würde die Visualisierung des Ziels eine Irritation für das Unbewusste darstellen und möglicherweise eine Tendenz auslösen, das Loch direkt anzuspielen.
Beim Pitch, insbesondere wenn er aus geringer Entfernung oder auf ein sehr geneigtes Grün gespielt wird, empfiehlt sich ebenfalls die Visualisierung des Landepunktes.
Wichtig ist in jedem Fall, sich klar zu machen, dass die Aufgabenverteilung an Bewusstsein und Unbewusstes gänzlich unterschiedlich ist, je nachdem, ob man das Ziel oder den Landepunkt visualisiert. Bei der Visualisierung des Landepunktes erfolgt zuvor dessen Festlegung aufgrund gewissenhafter Prüfung der Situation (z. B. der Bodenbeschaffenheit, der Grünneigung, der >*Breaks* etc.) und des erwarteten Ballverhaltens nach der Landung. Diese Wahrnehmungen und Überlegungen geschehen im bewussten Modus. Nach der Festlegung des Landepunktes wird dieser visualisiert und der geplante Schlag wird aus dem Unbewussten abgerufen. Völlig anders läuft es ab, wenn das Ziel visualisiert wird. In diesem Fall, gleichgültig ob Chip oder Putt, überlässt es der Spieler dem Unbewussten, die Bewegung abzurufen, mit der der Ball in das Loch befördert werden soll.
Zum Visualisieren beim Putten möchte ich noch einige Anmerkungen machen: Wenn die gewünschte Puttrichtung wegen der Neigung des Grüns von der direkten Linie zum Loch abweicht, ist es ratsam, den Punkt (x) zu fixieren und dann zu visualisieren, der in der Puttrichung liegt und dessen Entfernung dem notwendigen Stroke zur Erreichung des Lochs entspricht (Bild a auf der nächsten Seite).
Bei kurzen Putts empfiehlt es sich, nicht das Loch als Ganzes, sondern ein genaueres Ziel, zum Beispiel einen Punkt an der Hinterwand des Zylinders, zu visualisieren. Das ist für das Unbewusste der gleiche Aufwand, die Genauigkeit der Putts nimmt aber zu. Wenn Sie aus dem >*Vorgrün* putten

und deshalb wegen des größeren Rollwiderstandes ein etwas höheres Tempo benötigen, sagen Sie dem Unbewussten nicht: „Putte ein wenig stärker." Es würde Sie nicht verstehen. Visualisieren Sie stattdessen einen Punkt hinter dem Loch (x), sodass das höhere Tempo für die längere Puttstrecke das Bremsen des Vorgrüns ausgleicht, und putten Sie „ganz normal" (Bild b auf der nächsten Seite).

Wenn Sie aus taktischen Gründen, zum Beispiel wenn das Grün hinter dem Loch stark abfällt, den Putt im Zweifelsfall eher zu kurz lassen wollen, sagen Sie dem Unbewussten nicht: „Nicht zu lang." Sie wissen schon: Dann besteht die Gefahr, dass der Putt deutlich über das Loch geht. Sagen Sie auch nicht: „Eher zu kurz, als zu lang." Mit einer solchen Aufforderung kann das Unbewusste nichts anfangen. Verlegen Sie in diesem Fall den Punkt, an dem der Ball zur Ruhe kommen soll, knapp vor das Loch (x) und visualisieren Sie diesen (Bild c).

X
b

X
c

Bewusste Bewegungswahrnehmung stört beim Abrufen

Sowohl bei der Fixierung eines Punktes auf dem Ball, als auch bei der Visualisierung des Ziels tritt häufig ein Problem auf: Der Schwung beginnt und die bewusste Aufmerksamkeit richtet sich sofort auf die körperlichen Rückmeldungen und man nimmt Teile der Bewegung bewusst wahr. Das ist kein Wunder, denn vom Training her sind wir gewohnt und bemühen uns sogar darum, den Schlag zu spüren. Dieses Feedback ist ein ganz wichtiges Lerninstrument, denn so können Körpergefühl und Schlagergebnis miteinander in Verbindung gebracht werden. Beim Abrufen eines Schlages auf dem Platz ist aber die Konzentration auf das Körpergefühl kontraproduktiv, denn wenn sich das Bewusstsein erst einmal mit dem Wahrnehmen der Bewegung befasst, ist die Gefahr sehr groß, dass es sich nicht damit begnügt, sondern sich auch in die Ausführung einmischt. Bei den oben beschriebenen Konzentrationsübungen ist es daher wichtig, die Bewegungswahrnehmung möglichst auszuschalten, damit das Bewusstsein nicht, wie es das vom Lernen her gewöhnt ist, in die Schlagausführung eingreift.

Das Körpergefühl ist ein wichtiges Lerninstrument.

Natürlich kann man einen Sinneskanal nicht einfach schließen, indem man sich etwa vornimmt: „Ich höre nichts." Es würde sofort der paradoxe Effekt auftreten, dass man besonders auf die akustische Wahrnehmung konzentriert wäre. Es funktioniert anders. Sie erinnern sich, dass die Kapazität des Bewusstseins sehr begrenzt ist. Wenn Sie sich auf einen Sinneskanal konzentrieren, wie zum Beispiel auf den optischen beim Visualisieren, bleibt für die anderen Kanäle einfach keine Kapazität mehr übrig. Prozesse der Selbstregulierung im Hirn helfen Ihnen dabei: Wenn Sie sich auf einen Sinn konzentrieren, werden automatisch die anderen „leiser" gestellt und die Aktivitäten in diesen Bereichen reduziert. Je besser es Ihnen gelingt, das Ziel zu visualisieren oder den Ball zu fokussieren, desto mehr wird die Wahrnehmung der Bewegung in den Hintergrund treten.

Bewusste Schlagkorrektur nicht möglich.

Wir brauchen beim Abrufen des Schwunges die körperliche Rückmeldung ohnehin nicht, denn eine bewusste Korrektur des Schlages, zum Beispiel: „Achtung, die Schwungebene ist zu flach, du musst daher …" ist ohnehin nicht möglich, denn dazu müsste ich 1. merken, was falsch läuft, 2. wissen, wie ich es kompensieren kann und 3. die Korrektur rechtzeitig durchführen. Vergessen Sie es. Das Einschalten der bewussten Bewegungswahrnehmung im Training hat ja den Sinn, für den nächsten Schlag zu lernen und nicht, den eben ablaufenden zu korrigieren. Das Unbewusste hingegen ist durchaus in der Lage, aufgrund seiner Wahrnehmung Anpassungen der Bewegung vorzunehmen, wie wir bei der Beschreibung der Selbstregulierung festgestellt haben. Es kann das, denn es hat nicht die geringe Speicherkapazität und die langen Reaktionszeiten des Bewusstseins. Wie Untersuchungen zeigen, gelingt dieser Prozess umso besser, je weniger das Bewusstsein auf einzelne Aspekte der Bewegung gerichtet ist.

Körperliche Rückmeldung ist wichtig für den nächsten Schlag.

Konzentration auf den Schwung als Ganzes; Rhythmus und Balance

Bei den nun folgenden Vorschlägen muss ich mir selbst, zumindest teilweise, widersprechen. Es war immer die Rede davon, dass sich das Bewusstsein nicht mit der Schwungausführung beschäftigen soll, wenn es um das Abrufen der Bewegung geht. Und jetzt wird es sogar empfohlen, wie lässt sich das vereinbaren?

Dazu muss ich ein wenig ausholen. Sie erinnern sich: In jeder Sekunde kommen mehr als zehn Millionen bit an Information in unserem Hirn an, aber nur maximal 40 davon können ins Bewusstsein gelangen. Der Rest ist nicht ganz einfach verloren, er wird nur in einem anderen Gedächtnis, dem impliziten Gedächtnis, gespeichert.

Ich gebe Ihnen ein Beispiel: Nehmen wir an, jemand war bei einem Fußballspiel. Ein Freund oder eine Freundin stellt ihm danach verschiedene Fragen, wie zum Beispiel: „Wie ist das Spiel ausgegangen?“, „Wer hat die Tore geschossen?“, „Wurde ein Spieler ausgeschlossen?“, „Gab es einen Elfmeter?“, „Ist das Ergebnis gerecht?“, „War das Spiel spannend?“, „Hatte das Spiel Bundesliganiveau?“ Diese Fragen richten sich an unterschiedliche Datenspeicher. Die ersten vier Fragen wenden sich an das Faktengedächtnis. Man weiß es oder man weiß es nicht. Die Antwort ist auch keine Sache der persönlichen Beurteilung. Völlig anders ist es bei den

unterschiedliche Datenspeicher

restlichen drei Fragen. Obwohl zur Beantwortung etwa der Frage, ob das Ergebnis gerecht sei, riesige Datenmengen durchsucht werden müssen, hat der Angesprochene vermutlich rasch eine Antwort parat: „Ja, alles in allem ist das Ergebnis gerecht." Was hat der Befragte gemacht? Hat er rasch die Anzahl der gewonnenen Zweikämpfe gezählt? Hat er die Torchancen Revue passieren lassen, die Dauer des Ballbesitzes beider Mannschaften nachgerechnet? Vermutlich nichts von alledem. Diese Details kennt der Fußballzuseher in der Regel gar nicht und er benötigt sie für die Antwort offensichtlich auch nicht. Erst auf eventuelles Nachfragen: „Und warum bist du dieser Meinung?" werden bewusst Argumente und Begründungen für eine Antwort gesucht, die das Unbewusste längst getroffen hat.

Ähnlich verhält es sich zum Beispiel, wenn eine Fernsehkonfrontation von zwei Politikern verfolgt wird. Details der Statements können die Zuschauer meist nur sehr spärlich wiedergeben, aber die Antwort auf eine Frage wie: "Wer war glaubwürdiger?", kommt in der Regel spontan und ohne Schwierigkeiten. Aufgrund welcher Daten sie erfolgt, bleibt allerdings meist im Dunkeln.

Diese Zusammenhänge wollen wir uns zunutze machen, indem wir dem Bewusstsein eine Aufgabe stellen, bei der es mit Sicherheit überfordert ist, da seine Speicherkapazität dafür nicht ausreicht. Sie erinnern sich: Das Bewusstsein ist, zum Unterschied vom Unbewussten, bei seiner Arbeit an die begrenzte Speicherkapazität des Arbeitsgedächtnisses gebunden. Eine solche Aufgabe wäre zum Beispiel, den Rhythmus des Schwunges wahrnehmen und danach zu bewerten, ob er gleichmäßig oder ungleichmäßig, schnell oder langsam, harmonisch oder disharmonisch etc. war. Der Rhythmus ist eine Eigenschaft, die dem ganzen Schwung zukommt und die nicht durch ihre Teile beschrieben werden kann. Eine solche Beurteilung ist nicht möglich, indem man nur einzelne Phasen des Schwunges wahrnimmt. Sobald man mit der Aufmerksamkeit an einem Detail des Schwunges haften bleibt, ist man im bewussten Modus und kann den Rhythmus nicht mehr erfassen. Es ist vielmehr eine „oberflächliche" Wahrnehmung des Schwunges als Ganzes notwendig. Und das

bewusste Überforderung des Bewusstseins

kann nur das Unbewusste mit seinen unerschöpflichen Kapazitäten und parallel ablaufenden Prozessen.
Die Aufmerksamkeit ist dabei nicht punktuell auf Einzelheiten gerichtet, sondern unspezifisch, unabsichtlich, ganzheitlich. Man könnte es mit einem Bild von Scheinwerfern vergleichen: Im einen Fall ist der Strahl gebündelt und man kann ihn nur auf ein Detail oder hintereinander auf mehrere Details richten und diese genau betrachten. Man gewinnt damit aber keinen Überblick über das Ganze. Im anderen Fall wird der Scheinwerfer breit eingestellt, ohne ihn auf etwas Bestimmtes zu lenken. Man sieht zwar das Ganze, kann aber aufgrund der schwachen Beleuchtung keine Details ausmachen.

zwei Arten von Aufmerksamkeit: gebündelt oder breit gestreut

Diese Art der Aufmerksamkeitsverteilung stellt man zum Beispiel auch bei geübten Autofahrern fest. Ihr Blick ist auf nichts speziell gerichtet und kann dadurch sehr schnell dorthin gelenkt werden, wo sich eine Gefahrensituation ergeben könnte. Sehr zum Unterschied von Fahranfängern, deren Blick an Einzelheiten haften bleibt und die dadurch „blind" für andere, unter Umständen wichtigere, Reize sind.
Ich könnte mir vorstellen, dass die Aufmerksamkeit eines Dirigenten ähnlich unspezifisch auf den gesamten Klang des Orchesters gerichtet ist, sofern er nicht gerade ganz speziell auf den Einsatz der Oboe oder ein anderes einzelnes Ereignis achtet.
Wenn also dem Bewusstsein eine Aufgabe gestellt wird, die nur mit dieser breiten, unspezifischen Aufmerksamkeit erfüllt werden kann, wird verhindert, dass es sich mit Bewegungsdetails befasst. Die Konzentration auf den Rhythmus bewirkt, dass der Schwung als Ganzes, als eine Gesamtheit wahrgenommen wird.
Diese Technik ist relativ anspruchsvoll, denn das Bewusstsein schläft nicht und es wird versuchen, sich durch die Hintertüre wieder ins Spiel zu bringen. Diese tut sich dann auf, wenn man den Rhythmus nicht <u>wahrnimmt</u> als etwas, das sich ereignet, sondern ihn <u>machen</u> will.

Rhythmus wahrnehmen, nicht machen

Eine weitere Möglichkeit, wie man den Schwung ganzheitlich erfassen kann, ist die <u>Balance</u>. Damit ist die Stabilität oder Instabilität des Körpers während des Schwunges und die Verlagerung des Schwerpunktes gemeint. Die Balance ist, ähn-

Konzentration auf die Balance

lich wie der Rhythmus, eine Eigenschaft der gesamten Bewegung. Die Wahrnehmung erfolgt in erster Linie durch die Fußsohlen. Auch für das Üben mit der Balance gilt: nicht kontrollieren, sondern wahrnehmen.

Wahrnehmen ja, durchführen nein

Das Unbewusste schlägt, das Bewusstsein schaut zu.

Mit der folgenden Übung gehen wir noch einen Schritt weiter. Sie ist die reifste und gleichzeitig anspruchsvollste Form des Zusammenwirkens: Das Unbewusste führt den Schlag aus, während das Bewusstsein dies nur wahrnimmt, aber so, als würde es sich dabei um eine andere Person handeln. Dies ist überaus schwierig, denn das Bewusstsein will sich mit der Rolle des Beobachters nicht begnügen, es will in die Ausführung eingreifen.

Beispiel: Atmung

Dass die Trennung von Wahrnehmung und Ausführung aber möglich ist, zeigt sich, wenn wir uns beim Atmen beobachten. Das Luftholen und Ausströmen-Lassen kann man willentlich ausführen. Man kann schnell oder langsam, flach oder tief, laut oder leise, gleichmäßig oder ungleichmäßig, mit oder ohne Pausen oder auf viele andere Weisen atmen und das ganz bewusst inszenieren. Man kann aber auch den Atem fließen lassen, wie er will und ihn dabei nur wahrnehmen. Genau darin besteht eine der wichtigsten Meditationsformen.

Der Golfschwung als gut eingeübte Bewegung kann, ebenso wie das Atmen, ohne bewusste Steuerung ablaufen. Durch sehr viel Übung könnte man das Bewusstsein so weit „zähmen", dass es beim Beobachten bleibt und nicht auch gleich die Ausführung an sich reißen will.

Auch hier gilt: Die Tendenz des Bewusstseins, sich in die Schlagausführung einzumischen, ist umso stärker, je größer der psychische Druck ist. Am ehesten gelingt die Trennung von Beobachten und Ausführen in der weitgehend druckfreien Situation auf der Driving Range. Dort kann diese Methode auch sehr gut im Techniktraining eingesetzt werden.

Einen interessanten Vorschlag macht Timothy Gallwey (siehe Kasten auf der nächsten Seite). Er empfiehlt statt des üblichen Lernens durch Handlungsanweisung („Tu das, mach'

Timothy Gallwey

Timothy Gallwey beschäftigt sich intensiv mit mentalen Problemen des Sports und schrieb überaus erfolgreiche Bücher über Schilauf („Inner Game of Skiing"), Tennis („Inner Game of Tennis") und Golf („Inner Game of Golf"). Gemeinsam mit dem Musiker Barry Green verfasste er das Buch „Der Mozart in uns". Er beschreibt ein Selbst 1 und ein Selbst 2. Das „innere Spiel" besteht für ihn darin, Selbst 2 vor den störenden Einflüssen von Selbst 1 zu schützen.
Ich halte Tim Gallwey für einen geradezu genialen Theoretiker und Praktiker des Sports. Seine intuitiv gewonnenen Erkenntnisse wurden zum Teil erst Jahrzehnte später wissenschaftlich bestätigt.

jenes nicht") ein Lernen durch bloße Lenkung der Aufmerksamkeit. Die Anweisungen der Pros haben meist die Form eines Bewegungsauftrages, der erst in eine Aufmerksamkeitsübung übersetzt werden müsste.

Lernen durch bloße Lenkung der Aufmerksamkeit

Dazu ein Beispiel von Gallwey. Eine Handlungsanweisung könnte lauten: „Halten Sie im Schwung Ihren linken Arm gerade." (Eine solche Anweisung wird bei manchen Pros Stirnrunzeln verursachen, da sie eher einen mäßig gebeugten linken Arm empfehlen). Die zugehörige Aufmersamkeitslektion wäre: „Achten Sie bei jedem Schwung darauf, ob Ihr linker Arm gerade bleibt oder sich beugt. Benutzen Sie eine Skala von 1 bis 5, um den Grad der Beugung einzustufen." Eine Handlungsanweisung zielt darauf ab, dass eine bestimmte Bewegung „gemacht" wird, sie gibt einen „Soll-Wert" vor. Eine Aufmerksamkeitsübung begnügt sich hingegen mit der Wahrnehmung dessen, was abläuft. Dadurch entfällt auch die Frustration, die sich einstellt, wenn eine Bewegung nicht so gelungen ist, wie es den Anweisungen entspricht. Gallwey nimmt an, dass sich mit solchen Aufmerksamkeitsübungen die richtige Bewegung von selbst einstellt.

Wahrnehmen was ist, statt vorgeben, was sein soll.

Ähnliches dürfte auch der >*Ryder Cup*-Spieler David Feherty im Sinn gehabt haben, als er sagte: *„Nicht die Spieler sind*

Sensibilisieren statt kritisieren

Auch in vielen Bereichen der Erziehung und der Psychotherapie wäre es ratsam, sich nicht immer nur an Normen zu orientieren, wie das neue Verhalten aussehen soll und Kinder oder Klienten mit „Tu dies, lass das" zu quälen. Stattdessen wäre es in vielen Fällen erfolgversprechender, ein Gefühl für das Verhalten, wie es jetzt abläuft, zu entwickeln und darauf zu vertrauen, dass sich die gewünschte Änderung von selbst einstellt.

Statt immer wieder zu sagen: „Sprich nicht so schnell", könnte man es auch damit versuchen, die betroffene Person in bestimmten zeitlichen Abständen, die von einer Zeitschaltuhr vorgegeben werden, aufzufordern, auf einer Skala von 1 bis 5 einzuschätzen, wie das Sprechtempo in der letzten Minute war. Der Kunstgriff mit dem Uhrsignal ist deshalb wichtig, da der Signalgeber nicht „weiß", wie schnell (und ob überhaupt) der oder die Betreffende eben gesprochen hat. Eine andere Person würde vermutlich nur dann eine Rückmeldung geben, wenn das Sprechtempo wieder einmal sehr hoch ist und damit automatisch das Misserfolgserlebnis „schon wieder zu schnell" vermitteln. Stattdessen wäre es wichtig, dass die lernwillige Person zunehmend Sensibilität dafür entwickelt, wie sich rasches und wie sich langsames Sprechen anfühlen. Das richtige Tempo ergibt sich dann vielleicht von selber. Eltern, Lehrer, Vorgesetzte, Therapeuten und auch Golfpros haben die Eigenschaft, sich bevorzugt auf Fehler zu konzentrieren. Schade.

erfolgreich, die wissen, wo der Schläger sein sollte, sondern die, die wissen, wo er ist." (Zit. nach Crowcroft S. 44)

Die bloße Wahrnehmung der Bewegung ohne bewusstes Eingreifen ist natürlich beim Training auf der Driving Range wesentlich einfacher umzusetzen, als unter Druck. Dennoch möchte ich diese Methode auch für das Abrufen des Schwunges auf dem Platz empfehlen.

Die Stufenleiter zum Erfolg

Ich habe Ihnen einige Methoden vorgestellt, wie Sie Ihr Bewusstsein kontrollieren können, damit es nicht in die Bewegungsausführung eingreift. Probieren Sie die Vorschläge aus, damit Sie erfahren, was für Sie das Richtige ist. Begnügen Sie sich aber nicht mit einigen halbherzigen Versuchen, sondern lassen Sie sich ganz auf diese Art des Golfspiels ein. Es empfiehlt sich, bei der am besten geeigneten Methode zu bleiben und Vertrauen zu ihr zu gewinnen. Eine Änderung des mentalen Prozesses auf der Runde ist jedenfalls nicht anzuraten. Das sprunghafte Bewusstsein wird Ihnen das vermutlich einzureden versuchen („Probier doch einmal etwas anderes"), aber das Unbewusste bleibt gern beim Gewohnten. Es wäre aus meiner Erfahrung jedoch denkbar, für das lange und das kurze Spiel unterschiedliche Methoden zu benützen, z. B. Fixieren des Balles für das lange und Visualisieren des Zieles für das kurze Spiel.

Einlassen statt halbherziger Versuche

Die Anwendung der vorgestellten Methoden, mit denen das Bewusstsein aus der Schlagausführung herausgehalten werden soll, sind noch keine Garantie, dass dieses Vorhaben auch gelingt. In Situationen mit geringem Druck wird es bald funktionieren, aber wir wollen es ja gerade dann zur Verfügung haben, wenn es darauf ankommt. Man befindet sich dann in einem überaus interessanten Szenario des Zusammenwirkens von Bewusstsein und Unbewusstem: Mit Ihrem bewussten Ich haben Sie sich dafür entschieden, den Schlag ohne Beteiligung des Bewusstseins auszuführen, und Sie bemühen sich, dieses auf einen anderen Wahrnehmungsinhalt zu fixieren. Das Unbewusste aber unterläuft Ihre Absicht und schaltet, ohne Sie zu fragen und gegen Ihren Willen das Bewusstsein ein.

Diese unbefriedigende Situation hängt mit den unterschiedlichen Lernarten und Lerngeschwindigkeiten von Bewusstsein und Unbewusstem zusammen. Bewusstes Lernen geschieht rasch und ist auch rasch änderbar, unbewusstes ist hingegen langsam aber nachhaltig.

unterschiedliche Lerngeschwindigkeiten von Bewusstsein und Unbewusstem

Dieses Problem, dass das Bewusstsein etwas will, das Unbewusste sich aber sträubt, tritt selbstverständlich nicht nur beim Erlernen des unbewussten Modus im Golf auf, sondern bei nahezu jeder Verhaltensänderung, insbesondere solchen, die eingeschliffene Gewohnheiten betreffen. Dazu ein Beispiel: Nehmen wir an, Sie würden rauchen und möchten es sich abgewöhnen. Sie haben diesen Entschluss nach reiflicher Überlegung und Abwägung der Pros und Kontras getroffen. Das Unbewusste „weiß" davon aber nichts. Es wird weiter nach der Zigarette rufen und zwar umso lauter, je mehr es gewohnt war, dass Sie in bestimmten Situationen in der Vergangenheit zum Glimmstängel gegriffen haben, wie zum Beispiel nach dem Essen, in einer hitzigen Diskussion, bei aufkommendem Ärger etc. Sie erinnern sich: Das Unbewusste ist die Fortsetzung des Vergangenen in die Zukunft. Sie können dem Unbewussten nicht einfach sagen, dass es ab nun ohne Rauchen gehen muss. Die Sprache, die das Unbewusste versteht, ist die Erfahrung. Erst wenn es in einer Reihe von Situationen immer wieder „erfahren" hat, dass es trotz Verlangens kein Nikotin gibt und dass es auch ohne gehen muss, wird das Unbewusste verstummen und die neue Situation als Realität akzeptieren.

Das Unbewusste lernt durch Erfahrung - und das braucht viele Wiederholungen.

Ganz ähnlich ist es beim Erlernen des unbewussten Modus im Golfspiel. Das Unbewusste wird zunächst, wie es das gewohnt ist, bei der Schlagausführung das Bewusstsein einschalten. Dieser Tendenz wirken Sie entgegen, indem Sie das Bewusstsein auf einen anderen Wahrnehmungsinhalt fixieren. In Situationen mit geringem Druck wird das bald funktionieren und das Unbewusste erfährt, dass es auch so geht. Wird der Druck jedoch größer, steigt auch die Tendenz, das Bewusstsein wieder einzuschalten. Mit viel Konzentration und Übung wird es aber schließlich möglich sein, auch in diesen Situationen den Schwung unbewusst ablaufen zu lassen.

Lernen Schritt für Schritt mit steigendem Druck

Der langen Rede kurzer Sinn: Das Unbewusste muss Schritt für Schritt in Situationen mit ansteigendem Druck lernen, das Bewusstsein nicht einzuschalten. Erst wenn das auf der einen Stufe funktioniert, kann die nächsthöhere in Angriff genommen werden. Der Erfolg wird also von einer Stufe zur nächsten weitergetragen.

Machen Sie zunächst Ihre ganz individuelle Rangreihe für Ihr Golfspiel bzw. für Ihre Golfrunden nach dem psychischen Druck, den Sie dabei spüren. Diese könnte zum Beispiel folgendes Aussehen haben (siehe auch das Kapitel „Umlernen, das Schicksal jedes Golfers").

Auf der Driving Range

- Schlagtraining auf der Driving Range bzw. im Übungsgelände
- Training unter erschwerten Bedingungen z. B. mit Störgeräuschen oder kleinen Wettkämpfen

Auf dem Platz

- Spielen unter erleichterten Bedingungen, z. B. allein oder mit dem Pro, mit zwei Bällen (sofern keine anderen Spieler dadurch gestört werden), ohne Zählen des Scores aber mit Bewertung, wie gut die Fixierung des Bewusstseins gelungen ist
- Spielen allein mit Zählen des Scores
- Spielen mit unbekannten Flightpartnern
- Spielen im gewohnten Flight
- Spielen mit Anreiz (z. B. um die Getränke)
- Turnier
- Clubmeisterschaft o. ä.

Drucksituationen auf der Runde sind nicht programmierbar.

Eine Schwierigkeit bei einer solchen Rangreihe besteht darin, dass während einer Golfrunde Situationen mit ganz unterschiedlichem Druck auftreten können. Selbst wenn Sie allein unterwegs sind, spüren Sie bei manchen Schlägen, dass Ihnen das Ergebnis ganz und gar nicht gleichgültig ist und Stresssymptome auftreten, für die Sie noch nicht gewappnet sind. Ich habe dafür leider kein Patentrezept. Höchstens das, dass Sie sich in solchen Stuationen sagen: „Dieser Druck entspricht noch nicht meinem Standard beim Erlernen des unbewussten Modus. Ich spiele noch nicht auf dieser Stufe. Diesen Schlag mache ich daher für mich ‚außer Konkurrenz'." Das ist so, als würde ein Tennisschüler im Spiel in die Situation kommen, einen Halfvolley spielen zu müssen, den er noch nicht gelernt hat. Der darf daneben gehen.
Ein solcher Fehlschlag auf der Golfrunde scheint zwar auf der Scorekarte auf, es steht Ihnen aber frei, ihn subjektiv nicht als Misserfolg zu werten und somit hat er auch keine negative Auswirkung auf das Selbstvertrauen und den Lernprozess.

Tricksen Sie mit dem Unbewussten

Der größte und spannendste Schritt beim Erlernen des unbewussten Modus ist, wie auch beim Aneignen technischer Veränderungen, der von der Driving Range auf den Platz und dann der von „Freundschaftsrunden" zum Turnier. Ich möchte Ihnen eine Methode vorstellen, mit der Sie diese Übergänge etwas erleichtern können. Die Idee dabei ist, die eine Stufe in bezug auf den emotionalen Stress etwas anzuheben und die nächsthöhere etwas zu senken, sodass der Unterschied geringer wird.

Die emotionale Bewertung einer Situation, ob sie als ängstigend, lustvoll, anregend, etc. erlebt wird, erfolgt zunächst im Unbewussten. Wenn also vor einem Schlag Angst oder zumindest ein mulmiges Gefühl aufsteigt, so kommt dieses aus dem Unbewussten und wird erst dann bewusst. Jetzt könnte das Bewusstsein noch immer sagen: „Es ist ja nicht so schlimm, reg dich wieder ab", oder „es wird schon gut gehen." Sind die Emotionen aber stark, so setzt sich das Unbewusste locker gegen die im Bewusstsein angesiedelte Vernunft durch.

Das Unbewusste kann zwischen Realität und Fiktion nicht unterscheiden.

In dieser Situation können wir eine Eigenschaft des Unbewussten für unsere Zwecke nützen: Es kann nicht zwischen Realität und Fiktion unterscheiden. Es kann nicht unterscheiden, ob etwas sich wirklich ereignet, vorgespielt oder nur in der Fantasie vorgestellt wird.

Diesen Effekt können Sie leicht an sich selbst feststellen. Vielleicht gehören Sie zu denjenigen, die bei einem berührenden Film die Tränen kullern lassen und hoffen, dass es im Kino nicht gleich hell wird, weil es Ihnen ein wenig unangenehm ist. Ihr Unbewusstes ist eben einer Fiktion aufgesessen. Das Liebespaar bekommt sich nicht wirklich, der tragische Todesfall ist nur gespielt und die Horrorszenen sind das Ergebnis raffinierter Tricks. Sie wissen das alles und dennoch schickt Ihnen das Unbewusste so starke Emotionen, dass noch so viel Vernunft und besseres Wissen sie nicht unterdrücken können.

Und so lässt sich diese Eigenschaft des Unbewussten nützen: Wenn Sie im Turnier vor einem Schlag stehen, bei dem das Herz etwas schneller schlägt und die Anspannung etwas größer ist, stellen Sie sich vor, wie Sie auf der Driving Range

stehen. Dieses oder ein anderes, Ihnen angenehmes Bild wird die beruhigende Wirkung auf Ihr Unbewusstes nicht verfehlen.
Dieses Prinzip funktioniert auch in der anderen Richtung. Man wird resistenter gegen psychischen Druck, wenn man solche belastenden Situationen durchlebt hat. Man spricht dann von der Turniererfahrung oder der Wettkampfroutine. Die Situationen sind dann nicht mehr so neu und aufregend. Man kann diesen Effekt verstärken, indem man solche Situationen in der Fantasie durchspielt, also ein virtuelles Turnier in das Training einbaut. Stellen Sie sich also vor, wie Sie am ersten Tee bei Publikum am Abschlag stehen, einen schwierigen Schlag auf das Grün über ein Wasserhindernis vor sich haben oder einen Putt auf dem letzten Grün lochen wollen, der einen guten Score sichern würde. Diese Vorstellungen bewirken, dass die zugehörigen Emotionen zumindest in ähnlicher Färbung und Intensität wie in der Realsituation auftreten. Und mit dieser lebendigen Vorstellung machen Sie nun den Schlag. Wenn er gelingt, werden die trainierten Situationen auch in der Realität etwas von ihrem Schrecken verlieren.

Diese Methode eignet sich auch hervorragend, um sich auf Prüfungen, öffentliche Auftritte oder ähnliche Herausforderungen vorzubereiten.

Psychologie auf dem Platz

Woran erinnert Sie das Golfspiel?

Liebe zum Golf ist kein Zufall.

Es ist kein Zufall, welchen Sport wir uns auswählen, von welchem Spiel wir angesprochen, fasziniert, in den Bann gezogen sind. Im Profi-Sport liegt das Hauptkriterium sicherlich in den körperlichen Voraussetzungen, denn es geht ausschließlich um den Erfolg. Aber Leistung ist im Amateursport nicht der einzige, nicht einmal der wichtigste Maßstab. Es geht darum, mit möglichst vielen Facetten seiner Persönlichkeit angesprochen zu sein. Nicht wenige Hobbysportler müssten ihren Sport längst aufgegeben haben, ginge es nur um zählbare Resultate, dennoch machen sie mit Begeisterung weiter. Warum aber gerade Reiten, Marathonlauf, Tauchen, Schwimmen, Bergsteigen oder Golf? Natürlich muss auch das Angebot stimmen. Schilauf ist zum Beispiel nur möglich, wenn es Berge und Schnee gibt. Manche würden vielleicht auch gerne Golf spielen, wenn es in ihrer Nähe eine Möglichkeit dafür gäbe. In den letzten Jahren des Golfbooms, als viele neue Anlagen entstanden, begannen in deren Umgebung Menschen mit diesem Spiel, die vorher nie auf die Idee gekommen wären, es zu tun. Gelegenheit kann auch die Liebe zum Golfspiel wecken. Das allein ist es aber nicht. Man kann es auch so sehen: In unseren Gehirnen sind die Bilder und Erfahrungen der langen Kette unserer Vorfahren gespeichert. Der Anblick des Golfplatzes und das Hantieren mit dem Schläger und dem Ball können solche Erinnerungen wecken.

Golf erinnert an Erfahrungen, die man nicht selbst gemacht hat.

> ***„Das Spiel wurde vor Milliarden Jahren erfunden – erinnerst du dich nicht?"***
> Alte schottische Golfweisheit

Golf erinnert somit an etwas, an das man sich bewusst nicht erinnern kann. Die Idee dieses Spiels war also im Kopf schon immer vorhanden, es fehlte nur an den äußeren Möglichkeiten. Golfplatz und unbewusste Neigungen müssen sich begegnen. Worin aber bestehen diese? Was weckt das Golfspiel in uns, was wollen wir darin ausleben? Golf ist, so könnte man sagen, die Antwort auf Fragen, die das Unbewusste ans Leben stellt.

die große Einsamkeit des Golfers

Das eine ist die große Einsamkeit. Beim Golfschlag sind alle Verbindungen nach außen gekappt, man ist mit dem Ball und dem Schläger allein. Die eigene Welt wird in diesen kleinen Golfball projiziert, er wird für kurze Zeit zum Mittelpunkt meines Universums. Es gibt keinen Gegenspieler, auf den man zu reagieren hätte, es gibt nur Zeugen – und manchmal ist man selbst der einzige. Jetzt kommt es darauf an, durch das richtige Zusammenspiel von Bewusstsein und Unbewusstem den Schlag, der im Inneren bereits vorhanden ist, auszulösen und damit auf die äußere Welt einzuwirken.
In dieser Beziehung ist der Golfer mit dem Schützen vor der Scheibe, dem Basketballer beim Freiwurf, dem Tennisspieler beim Aufschlag oder dem Fußballer beim Elfmeter verwandt. (Auf die Beziehung zwischen Golfsport und Bogenschießen gehe ich später noch ein.)
Aber Golf ist mehr als das Aneinanderreihen von mehr oder minder gelungenen Schlägen, sonst könnte man gleich auf der Driving Range bleiben. Es kommt ein anderer Aspekt hinzu: die Eroberung des Golfplatzes. Die Landschaft vom Abschlag bis zum Loch mit ihren Tücken und Hindernissen muss mit möglichst wenigen Schlägen überwunden werden. Diese Seite des Golfspiels spricht andere Eigenschaften des Spielers an, als es die bloße Ausführung der Schläge tut. Es ist die Fähigkeit gefordert, die eigenen Möglichkeiten mit den Anforderungen des Platzes in Einklang zu bringen, eine „kühle" Strategie zu entwickeln und sie ständig neu anzupassen. Besonders deutlich wird das, wenn man einen fremden Platz erobern will. Aber auch der Heimatplatz präsentiert sich jeden Tag anders. Es kommt zu einem Dialog mit dem Platz, der Hindernisse versteckt, zu riskanten Schlägen einlädt, nachsichtig ist oder Fehlschläge streng bestraft. Es gibt Plätze, die den mutigen und andere, die den zurückhaltenden Spieler bevorzugen. Es gibt den fairen Platz und den heimtückischen, der nur darauf wartet, unterschätzt zu werden. Es gibt den leichten Platz, der uns gut aussehen lässt und den schwierigen, der uns fordert. Jeder Platz hat seine Eigenart, seinen Charakter und sein Geheimnis.

die Eroberung des Platzes

Keine Erwartungen

Negative Erwartungen bringen schlechte Ergebnisse, positive auch.

Mit der einen Seite des Golfspiels, mit dem Abrufen des Schlages aus dem Unbewussten, haben wir uns bisher ausgiebig beschäftigt. Nun geht es um die Eroberung des Platzes. Jede Golfrunde ist ein Abenteuer, wir wissen vorher nicht, was der „Golfgott" für uns bereithält. Eine gewisse Neugier, was sich ereignen wird, ist schon einmal eine ganz gute Einstimmung auf das Kommende. Eine bessere jedenfalls, als besondere Erwartungen zu haben, denn es gilt im Golf die eigentümliche Gesetzmäßigkeit: Negative Erwartungen bringen schlechte Resultate, positive auch. Bei negativen Erwartungen ist das klar, der Golfer programmiert sich im Sinne der self-fulfilling prophecy auf Misserfolg. Aber warum wirken sich auch positive Erwartungen ungünstig aus, wenn Sie zum Beispiel einen Schlag intensiv geübt haben, das Spiel in letzter Zeit ausnehmend gut lief oder die Schläge auf der Driving Range perfekt waren? Weil Sie den Druck erhöhen. Erwartungen bringen Sie emotional aus dem schmalen Bereich heraus, in dem Sie Ihr bestes Golf spielen. Richtig wäre es also, keine Erwartungen zu haben, nicht die Befürchtung, dass sich Ihr beruflicher Stress negativ auf das Spiel auswirkt und auch nicht die Hoffnung, dass sich die guten Runden der letzten Tage heute fortsetzen lassen. Aber gerade das ist so schwierig: den Kopf frei zu halten für das neue Spiel und jeden neuen Schlag. Wenn wir leichthin sagen: „Ich erwarte mir nichts", verbirgt sich dahinter häufig die Befürchtung, das Vorhaben könnte schief gehen. Oder man hegt die Hoffnung auf einen guten Ausgang, verschanzt sich aber vorsichtshalber hinter dem „ich erwarte mir nichts", um es nicht zu verschreien.

Selbstkritik für das Training, Selbstvertrauen für das Turnier

Wir wissen es alle aus eigener Erfahrung: Mit Selbstvertrauen gelingen uns selbst die schwierigsten Dinge. Bob Rotella machte diesen Gedanken zu seinem Credo, das er in seinem Buch „Golf ist Selbstvertrauen" niederschrieb. Leider erklärt er uns auf den 222 Seiten nicht, wie man es bekommt, wenn man es nicht hat bzw. wie man es wiederfindet, wenn es verloren gegangen ist. Es ist eine eigenartige Geschichte mit dem Selbstvertrauen: Es wächst, wenn man Erfolg hat, aber es verabschiedet sich bei Erfolglosigkeit. Gerade dann also, wenn man es brauchen würde, weil sich der Erfolg nicht und nicht einstellen will, verlässt es uns. Es scheint sich dabei um einen nicht sehr verlässlichen und treuen Partner zu handeln. Selbstvertrauen ist gleichzeitig die Voraussetzung für und die Folge von Erfolg. Ein Teufelskreis.

Selbstvertrauen ist Voraussetzung für und Folge von Erfolg.

Selbstvertrauen ist einerseits eine Eigenschaft, ein Teil der Persönlichkeit, von der man mehr oder weniger mitbekommen hat. Es gibt Menschen, die sehr rasch von Selbstzweifeln geplagt werden, wenn etwas nicht nach ihren Vorstellungen klappt. Andere wieder lassen sich durch Misserfolge nicht so leicht aus dem Gleichgewicht bringen. Das ist die eine Seite. Die andere ist die, dass sogar Spitzensportler, die sicherlich von der Natur eine ordentliche Portion dieser Gabe mitbekommen haben, sonst hätten sie es nicht so weit geschafft, dramatische Einbrüche ihres Selbstvertrauens erleiden können.

> ***„Man muss nicht viele Putts verschieben, um das Vertrauen zu verlieren. Aber man muss sehr viele einlochen, um es zurückzugewinnen."***
> Annika Sörenstam

Eine Klarstellung: Der Selbstzweifel, als Gegenpol zum Selbstvertrauen, ergibt sich nicht einfach aus der Schwierigkeit einer Aufgabe bzw. der Wahrscheinlichkeit, sie bewältigen zu können. Er hängt vielmehr davon ab, wie sehr ein Misserfolg das Ich beschädigen würde. Der 4-Meter-Putt ist zwar objektiv schwierig und man mag mit Recht erhebliche Zweifel haben, ihn erfolgreich durchzuführen. Man spürt dabei aber wenig Druck, denn das Nichtgelingen kratzt das Ich nicht an. Ganz anders beim Ein-Meter-Putt, einem so genannten „Wadenbeißer", der zwar mit größerer Wahrscheinlichkeit gelingt, der aber auch von höherem Erwartungsdruck begleitet ist und dessen Nichtgelingen das Ego beschädigen würde.

Selbstzweifel entsteht, wenn das Nichtgelingen das Ego beschädigen würde.

Wahres Selbstvertrauen hat einen langen Atem

Was bedeutet es, Selbstvertrauen zu haben? Heißt es, davon überzeugt zu sein, dass der nächste Schlag gelingen wird? Das hätte die fatale Folge, dass sich, wenn er daneben geht, das Selbstvertrauen im Keller befände, denn es wäre an diesen Erfolg geknüpft. Selbstvertrauen ist nicht die Überzeugung, dass der nächste Versuch glücken wird, sondern dass es letztlich gut ausgeht. Das kann zum Beispiel bedeuten: Ich bin überzeugt, dass ich trotz eines Fehlschlages die Spielbahn gut zu Ende spielen werde, dass trotz mehrerer verhauter Löcher die Runde einen guten Score bringen wird, dass trotz der schlechten Runde die Form in Ordnung ist, dass trotz mehrerer verunglückter Turniere die Saison erfolgreich sein wird ... und dass das Leben letztlich schön ist.

Eine wichtige Rolle bei der Entwicklung von Selbstvertrauen spielen sicherlich frühkindliche Erfahrungen. Wenn man als Kind nur angenommen und geliebt wird, wenn man „brav" ist, wenn man sich „richtig" verhält, wird sich dieses Urvertrauen nicht einstellen. Und wenn man später Liebe und Anerkennung nur für bestimmte Leistungen erhält, wird sich statt Selbstvertrauen die Angst entwickeln, den Erwartungen und Anforderungen von anderen nicht entsprechen zu können. Und später übernimmt man dann selbst die Rolle der anderen, indem man hohe Anforderungen an sich stellt und übertrieben kritisch und streng mit sich selber umgeht. Selbstkritik ist durchaus eine gute Haltung für das Training, denn dort bringen uns Selbstzufriedenheit und Selbstvertrauen nach dem Motto: „Es wird schon gut gehen" nicht weiter und bremsen die Motivation. Im Turnier aber, wenn es darum geht, die Leistung abzurufen, ist freundlicher, vertrauensvoller, nachsichtiger Umgang mit sich selbst der erfolgreichere Stil.

Übertriebene Selbstkritik schwächt das Selbstvertrauen.

Was bedeutet eigentlich Selbstvertrauen im Golf (und möglicherweise auch im übrigen Leben)? Wer vertraut hier wem?

Übungsphase und Glaubensphase

Bob Rotella spricht in diesem Zusammenhang von der „Übungsphase" und der „Glaubensphase". Er empfiehlt, bereits auf der Driving Range in die Glaubensphase, in der nicht analysiert und bewertet, sondern vertrauensvoll und intuitiv geschlagen wird, überzugehen. Seiner Meinung nach sollten 60 Prozent des Trainings in diesem Stil ablaufen. *„Ein Sportler, der den Großteil seines Trainings der Übungsphase widmet, wird auf dem Platz bei ansteigendem Druck (also dann, wenn es der Spieler am wenigsten gebrauchen kann) in die Übungsphase fallen. Wie in der Übungsphase üblich, wird er analytisch, bewertend und technisch denken. Es wird ihm nicht möglich sein, seinem Schwung zu vertrauen und den Dingen ihren Lauf zu lassen."* (S. 196)

Selbstvertrauen heißt: Das bewusste Ich vertraut dem Unbewussten.

Das bewusste Ich vertraut dem Unbewussten. Es vertraut darauf, dass das Unbewusste schon den richtigen Schwung machen werde und dass es nicht notwendig sei, einzugreifen oder zu kontrollieren. Was ist aber, wenn dieses Vertrauen nicht besteht, wenn es erst aufgebaut werden muss? Dann ist es genau so, als wollte man Vertrauen gegenüber einer anderen Person bilden. Das geschieht nicht dadurch, dass man an der Kompetenz des anderen zweifelt. („Versuche es, aber viel Hoffnung habe ich nicht, dass es klappt.") Gleichgültig, ob sich diese Zweifel in Worten oder in der Körpersprache ausdrücken, das Unbewusste versteht sie. Da wäre positives Denken im Sinne von „Ich vertraue dir, du wirst es schon schaffen" zwar deutlich besser, aber die ideale Methode zum Aufbau von Vertrauen ist es dennoch nicht, denn sie beinhaltet die Angst, dass es schief gehen könnte. Außerdem wird damit Druck ausgeübt: „Hoffentlich rechtfertigst du mein Vertrauen." Und es ist die Erinnerung an die Erfahrung der Kindheit: „Ich akzeptiere dich nur, wenn du das Richtige tust."

positives Denken

Vertrauen wird gebildet durch eine gewisse Gleichgültigkeit dem Ergebnis gegenüber oder besser: durch die Bereitschaft,

jedes Ergebnis akzeptieren

jedes Ergebnis zu akzeptieren. „Gleichgültig“ meint im ursprünglichen Sinn, dass alles gleich gültig ist. Und letztlich bedeutet es, dass auch Versagen erlaubt ist. Diese Einstellung schafft Vertrauen in die Fähigkeiten des Unbewussten und erhöht die Wahrscheinlichkeit einer guten Leistung. Diese wiederum stärkt das Vertrauen – und so geht es weiter bis zum nächsten Rückschlag. Oder aber, das Vertrauen in die Fähigkeiten des Unbewussten ist nicht gegeben, das Bewusstsein greift ein und dadurch steigt die Wahrscheinlichkeit eines schlechten Ergebnisses und als Konsequenz entzieht das Bewusstsein dem Unbewussten das Vertrauen. Eine mehr als paradoxe Situation. Was aber soll man tun, wenn man auf der Runde ist oder sogar ein Turnier spielt und merkt: „Heute funktioniert mein Schwung überhaupt nicht.“ Wäre es da nicht klug, den Schwung zu analysieren, den oder die Fehler festzustellen und zu korrigieren? Nein. Das wäre der Rückfall in den Versuch, die Bewegung bewusst zu kontrollieren. Darauf hat Ihr Bewusstsein nur gelauert: dass Sie dem Unbewussten das Vertrauen entziehen und dass es sich wieder wichtig machen kann. Diese Situation bietet die Chance, am Vertrauen zum Unbewussten zu arbeiten, eine erfolgreiche Fehlerkorrektur auf dem Platz ist ohnehin äußerst unwahrscheinlich. Die gelingt nicht einmal den weltbesten Golfern, wie man Woche für Woche im Fernsehen beobachten kann. Halten Sie sich lieber an die Maxime:

keine Schwungkorrekturen auf dem Platz

> ***„Sieger zeichnen sich dadurch aus, dass sie den Schwung akzeptieren können, den sie mit auf den Golfplatz nehmen.“***
> Bob Rotella

Yips: mehr Kontrolle oder mehr Vertrauen?

Tom Kubistant beginnt seinen Artikel über Yips im „Golf-Today-Magazine“ mit einer Warnung: *„Lesen Sie nur weiter, wenn Sie von Yips betroffen sind.“* Ich möchte mich diesem Rat anschließen. Wenn Sie nie damit zu tun hatten, vielleicht nicht einmal wissen, was das ist, seien Sie glücklich und blättern Sie weiter zum nächsten Kapitel. Ihre Psyche könnte sonst auf dumme Gedanken kommen.

Was ist eigentlich Yips? Es ist eine unkontrollierbare und überfallsartig auftretende, zuckende Bewegung der Hände, die grundsätzlich jeden Schlag betreffen kann, meist aber beim Putten festzustellen ist. Dieses Phänomen kennt man nicht nur vom Golf, auch in anderen Bereichen, in denen es entweder auf eine ruhige Hand, oder auf präzise und wohlkoordinierte Handbewegungen, das „Händchen", ankommt, kann es auftreten, etwa bei Schützen, Musikern oder Zahnärzten. Auch der Schreibkrampf fällt in diese Kategorie. Ich kannte eine Geschäftsfrau, die in ihrem Büro mit gestochener Handschrift schrieb, zu Hause jedoch, in Gegenwart ihres Gatten, bei Schreibversuchen über verkrampfte Zuckungen der Hand nicht hinaus kam. (Ihr Ehemann muss sie ganz schön gestresst haben.)

Yips ist ein Stressphänomen

Yips bei Stress, guten Golfern, kurzen Putts und schnellen Grüns

Dieses Golferleiden tritt nicht oder kaum auf dem Übungsgrün oder auf Proberunden auf, sondern bei Turnieren, wenn es um etwas geht. Yips ist auch keine Anfängerkrankheit, es betrifft bevorzugt erfahrene und gute Golfer mit einem Handicap unter 12. Eine groß angelegte Studie eines Teams der Mayo-Klinik zeigte, dass die Gefahr von Yips eher bei kurzen Putts auftritt, wobei die kritische Entfernung bei 0,9 Metern liegt. Dies ist nicht verwunderlich, denn das sind genau die Putts, die nicht ganz einfach sind, aber fallen „müssen", d. h. der misslungene Versuch aus dieser Distanz wird vom Golfer selbst als Misserfolg gewertet, er beschädigt das Ich. Kürzere Putts „müssen" zwar ebenfalls gelocht werden, sie stressen aber weniger, da sie einfacher sind. Längere Putts sind zwar objektiv schwierig, subjektiv üben sie aber weniger Druck aus, da ein Fehlversuch keine Konsequenzen für das Ego hat. Auch die Beschaffenheit des Grüns spielt eine Rolle: Schnelle Grüns lassen Yips eher auftreten, und Putts, die seitlich nach rechts abfallen, lösen die Symptome bevorzugt aus.

Im Golf hat Yips schon Karrieren ruiniert, wie zum Beispiel die von Tommy Armour. Von ihm stammt übrigens die Bezeichnung für diese Horror-Krankheit. Auch Bernhard Langer litt unter Yips beim Putten. Er konnte sich durch einen neuen Griff, den „Langergriff", bei dem die linke Hand die rechte im

Handgelenk fixiert und später durch die Verwendung eines Langputters heilen, und er ist auf die Leaderboards der US PGA-Tour zurück gekehrt.

Bernhard Langer: Therapie durch mehr Kontrolle

Er wählte einen Weg, den man mit „mehr Kontrolle" überschreiben könnte. Um die Hände an unkontrollierbaren, ruckartigen Bewegungen zu hindern, nahm er ihnen so gut wie jeden Spielraum, sodass der Putt möglichst nur durch eine Schulterbewegung ausgeführt werden konnte und die Hände aus dem Spiel waren. Diese körperlichen Einschränkungen unterbanden das Zucken und Langer gewann wieder Vertrauen in seine Putts, und dadurch war auch wieder weniger Kontrolle notwendig. Die Frage ist nur: Was hätte er gemacht, wenn Yips beim Pitchen aufgetreten wäre? Der Weg zum Kurieren des Yips durch mehr Kontrolle mag beim Putten, das im Vergleich zu anderen Schlägen über wesentlich weniger Freiheitsgrade verfügt und bei dem die Hände passiv sind und keine eigene Bewegung auszuführen haben, funktionieren. Ich kann mir jedoch keine Schlagtechnik vorstellen, mit der ein Pitch ausgeführt wird, ohne dass die Hände ins Spiel kommen.

Ich würde aufgrund der Ergebnisse und Überlegungen, die ich auf den vorangegangenen Seiten dargestellt habe, einen anderen Weg vorschlagen, der ziemlich genau in die andere Richtung läuft: Aufgeben des Versuchs der Kontrolle und stattdessen Vertrauen in das Unbewusste.

Alternative: Aufgeben der Kontrolle

Ich gehe davon aus, dass Yips unter Stress auftritt und dann durch Angst verstärkt wird: „Um Gottes willen, hoffentlich passiert mir das nicht wieder." Eine solche mentale Programmierung ist schon beinahe ein Garant dafür, dass es wieder auftritt. Die Folge ist, wie wir wissen, verstärkte Selbstaufmerksamkeit, das heißt Konzentration auf die Bewegungsausführung und der Versuch der bewussten Kontrolle. Im Fall des Puttens wirkt sich das Bemühen, die Handgelenke bewusst zu fixieren, in einer Verkrampfung aus. Darauf weist auch die Studie der Mayo-Klinik hin, die ergab, dass Yipser einen bis zu dreimal so kräftigen Griff haben. Während „Normalgolfer" beim Putten einen Druck von ca. 1 Kilogramm ausüben, umklammern Yipser den Putter mit 2,5 bis 3 Kilogramm.

hohe Selbstaufmerksamkeit

Die Korrektur ist das Problem

Wie kommt es aber zu dieser krampfartigen, unkontrollierbaren Bewegung? Meiner Meinung nach funktioniert es so: Aus Angst vor „abweichenden", unerwünschten Bewegungen der Hände ist die bewusste Aufmerksamkeit verstärkt auf Rückmeldungen aus diesem Bereich ausgerichtet. Tatsächliche oder auch nur scheinbare Abweichungen werden mit einer vom Bewusstsein gesteuerten Kompensationsbewegung „korrigiert". Und diese Korrektur ist das eigentliche Problem. Man könnte die Situation mit einem Kellner vergleichen, der ein Tablett mit Gläsern durch den Speisesaal zu balancieren hat. Er spürt, dass die Augen der Gäste auf ihn gerichtet sind. Jetzt nur nicht stolpern oder die Balance verlieren. Auf ein leichtes Schwanken des Servierbretts, das sich von selber wieder austariert hätte, reagiert er mit einer zu heftigen Korrektur, wodurch das Tablett schließlich kippt und die Gläser abstürzen.

Kur zum Aufbau von Vertrauen

Die Kur zum Aufbau des Vertrauens in den Putt könnte nach den gleichen Prinzipien erfolgen, wie wir sie beim Umgang mit choking under pressure kennen gelernt haben. Das heißt: Ablenken des Bewusstseins, damit es sich nicht mit der Bewegungsausführung beschäftigen kann und Üben dieser Technik unter Bedingungen ansteigenden Drucks.

Auf einer Golfrunde kann ein Putt einfach oder schwierig sein oder gerade die kritische Entfernung haben, die den größten Druck ausübt. Er kann relativ bedeutungslos oder besonders wichtig sein. Das alles kann vorher nicht festgelegt werden. Man kann allerdings ein Szenario für die Golfrunde wählen, das dem erwünschten Druck entspricht. Machen Sie dafür eine individuelle Liste von Szenarien mit ansteigendem Druck. Als Anregung kann die Rangreihe im Kapitel „Stufenleiter zum Erfolg" dienen. Dies gilt selbstverständlich nicht nur für den Putt, sondern gleichermaßen für Chip und Pitch oder einen anderen Schlag, der von Yips betroffen ist.

Offline und Online

Die Tätigkeiten auf dem Golfplatz, gemeint sind selbstverständlich nur die sportlichen, lassen sich in Online- und Offline-Prozesse einteilen. Offline ist alles, was vor dem Schlag

Offline-Tätigkeiten

1. Prüfen Sie die Lage des Balls und entscheiden Sie, welche Art von Schlag realistischerweise überhaupt möglich ist.
2. Prüfen Sie Windrichtung, Windstärke und andere Faktoren, die den Ballflug und damit die Schlägerwahl beeinflussen, wie z. B. Hügel und ansteigendes oder abfallendes Gelände.
3. Machen Sie sich die Gefahren und problematischen Bereiche (z. B. Ausgrenzen, Hindernisse, Sträucher etc.), die Sie vermeiden wollen, bewusst. Das wird Ihnen bei der Schlägerwahl und Ausrichtung helfen.
4. Wählen Sie Ihre Ziele aus – ein Startziel für den Beginn des Ballflugs und ein abschließendes Ziel, bei dem der Ball landen oder zum Liegen kommen soll.
5. Berechnen Sie die korrekte Entfernung zum Ziel, das Sie ins Auge gefasst haben, und wählen Sie den geeignetsten und realistischsten Schläger.

Zufrieden darüber, dass Sie alles getan haben, um ein erfolgreiches Ergebnis zu produzieren, machen Sie Ihre Probeschwünge, sprechen den Ball an und betätigen den Auslöser.

oder der unmittelbaren Schlagvorbereitung liegt. Es sind das die Wahrnehmungen und Überlegungen, die die Spielstrategie, die Art des Schlages, die Wahl des Schlägers und des Ziels betreffen. Alles das sind Aspekte des Spiels, die Sie auch mit dem Caddy besprechen können, sofern Sie einen haben. Diese Prozesse laufen bewusst ab; man kann sich nicht darauf verlassen, dass man instinktiv, ohne bewusstes Schauen und Prüfen, den richtigen Schläger auswählt. Hier kann sich das Bewusstsein austoben: aufmerksames Beachten der für den Schlag relevanten Umgebung, Berücksichtigung der Ergebnisse der Selbstbeobachtung (z. B. „Ich bin heute mit den langen Eisen eher kürzer als sonst"), gedankliches Durchspielen mehrerer Schlagstrategien (z. B. Chip oder Putt, vorlegen oder angreifen). Und am Ende dieses Prozesses soll eine ganz klare Entscheidung stehen. Wenn noch ein

Am Ende der Offline-Phase steht eine klare Entscheidung.

Rest von Unsicherheit besteht, sollten Sie versuchen, diesen durch teilweise Wiederholung dieses Entscheidungsprozesses abzubauen – sofern das Spiel dadurch nicht unzumutbar verzögert wird. Sie haben sicherlich schon beobachtet, dass auch Tourspieler sich nicht genieren, eine getroffene Entscheidung nochmals zu revidieren, wenn sie damit kein gutes Gefühl haben. Eine objektiv falsche Schlägerwahl, und die kann trotz gewissenhafter Wahrnehmung und Überlegung passieren, ist nicht so schlimm, wie subjektive Unsicherheit, das richtige Gerät in der Hand zu haben.

Eine falsche Entscheidung ist besser als Unsicherheit.

Mir geht es in diesem Kapitel nicht darum, Ihnen Tipps zur Schlägerwahl, zur Spielstrategie etc. zu geben. Die können Sie von verschiedenen Ratgebern beziehen. Ich zitiere ein Beispiel aus einer amerikanischen Golfzeitschrift (siehe Kasten auf Seite 136). Es geht mir vielmehr darum, diese zwei Zustände genau auseinander zu halten: Offline mit Wachheit, fokussierter Aufmerksamkeit, bewusster Wahrnehmung, Überlegung und Entscheidung. Online mit möglichst nicht vom Bewusstsein gesteuerter Schlagvorbereitung und Schlagdurchführung.

Die Pre-Shot Routine

Der Übergang von bewussten Prüf- und Entscheidungsprozessen zu möglichst unbewusst ablaufenden Vorgängen bei der Vorbereitung und Durchführung des Golfschlags ist für die Performance von größter Bedeutung. Ein wichtiges Hilfsmittel dabei ist die so genannte Pre-Shot Routine. Darunter werden die Handlungen verstanden, die nach den bewussten Entscheidungen der Offline-Phase erfolgen und mit dem Herantreten an den Ball mit Blick auf das Ziel und das Zwischenziel ihren Anfang nehmen. Genau genommen beginnt ab diesem Zeitpunkt der Schlag. Falls im weiteren Verlauf der Pre-Shot Routine eine Störung auftritt, egal, ob sie von außen oder von innen kommt, muss der Vorgang abgebrochen und von vorne begonnen werden.

Jeder Golfratgeber lehrt uns, dass wir vor dem Schlag ein immer gleich ablaufendes Verhalten zeigen sollen. Warum eigentlich? Aus Aberglauben, wie die Golferin in der Zeichnung auf Seite 138 meint? Oder gibt es andere Gründe?

Es muss etwas dran sein, an einer stets gleich ablaufenden Schlagvorbereitung, denn alle guten Golfer haben sie. Wenn Sie bei Fernsehübertragungen von der European Tour oder der US PGA-Tour Ihre Aufmerksamkeit darauf lenken, wird Ihnen auffallen, dass es keinen Golfer gibt, der nicht immer die gleiche Schlagvorbereitung machen würde, dass es aber andererseits keine zwei Golfer gibt, die die selbe Pre-Shot Routine haben.

Die Pre-Shot Routine ist ein Ritual.

Die Schlagvorbereitung im Golf ist keine bloße Routine, wie die englische Bezeichnung vermuten ließe, keine Gewohnheit, bei der man einfach geblieben ist, sondern sie erfüllt, wenn sie gut ist, ganz wichtige Funktionen. Sie ist eigentlich ein Ritual. Unser Leben ist durchzogen von Ritualen. Große Feierlichkeiten, wie zum Beispiel Hochzeiten und Begräbnisse laufen nach festen Regeln ab. In allen Religionen spielen Rituale eine wesentliche Rolle. Und auch unser Alltag ist voll davon. Es beginnt schon mit dem Aufsteh-Ritual und der Morgentoilette- und Anzieh-Zeremonie, die möglichst nicht gestört werden dürfen. Wenn doch, ist der Tag oft schon gelaufen. Auch andere Tätigkeiten, wie Essen, Einschlafen und auch das Sexualverhalten, sind häufig in Rituale verpackt.

Beinahe in jeder Sportart können Sie Rituale vor dem Start beobachten, wie etwa beim Schispringen, im alpinen Schirennlauf, in der Leichtathletik oder im Tennis vor dem Aufschlag oder im Basketball vor dem Freiwurf.
Rituale haben viele verschiedene Funktionen, einige von ihnen kommen in der Schlagvorbereitung im Golf zum Tragen: Sie bringen durch ihren fixen Ablauf Ordnung und Sicherheit. Das ist besonders in jenen Situationen nützlich, in

denen es emotional chaotisch zugeht. Sie führen aus einer alltäglichen Situation über in eine besondere. Und sie haben einen Bezug zum Transzendentalen; es schwingt die Überzeugung mit, dass es schon gut gehen werde, wenn man das Ritual einhält.

Was soll im Golf durch die Pre-Shot Routine erreicht werden?

- eine gute Ausrichtung auf das Ziel,
- eine Lockerung der Muskulatur,
- eine Voraktivierung im Hirn
- und eine Umschaltung vom bewussten in den unbewussten Modus.

Die Ausrichtung auf das Ziel ist gewissermaßen das Startsignal für die Pre-Shot Routine. Sie erfolgt bei den meisten Golfern so, dass sie hinter den Ball treten, auf das Ziel schauen und ein Zwischenziel fixieren, nach dem dann die genaue Ausrichtung erfolgt.

Für die Lockerung der Muskulatur werden meist sog. Waggles durchgeführt. Das sind kleine Bewegungen mit dem Schläger aus lockeren Handgelenken. Aber auch andere Methoden der muskulären Entspannung können angewandt werden.

Voraktivierung im Hirn

Ein wesentlicher Teil der Pre-Shot Routine soll der Schlagvorbereitung im Hirn gewidmet werden. Damit ist gemeint, dass die Neuronen des Netzwerkes, die den beabsichtigten Schlag im Hirn repräsentieren, bereits zu „feuern" beginnen, sodass sie eine erhöhte Bereitschaft aufweisen und sozusagen „vorgewärmt" sind. Die Techniken dafür sind sehr unterschiedlich und müssen von jedem individuell erprobt werden. Eine Möglichkeit besteht darin, das Körpergefühl zu aktivieren, indem man sich vorstellt, den Schwung auszuführen und das begleitende kinästhetische Empfinden wahrnimmt. Der Probeschwung kann diese Übung noch unterstützen. Für manche Golfer erfolgt die beste Schlagvorbereitung dadurch, dass sie sich nicht die eigene Bewegung, sondern den Ballflug vorstellen. Sie führen gewissermaßen dem Unbewussten vor: „So soll es aussehen. Mach' du alles, was notwendig ist, damit es passiert." Bob Rotella berichtet, dass Brad Faxon diese Technik anwende. Er spüre, wie die bildliche Vorstellung des Ballflugs die Nerven und Muskeln aktiviere, und er brauche, um z. B. einen >*Draw* zu schlagen, keinen bewussten Gedanken. Nach dieser Übung, gleichgültig, welche Methode Sie angewandt haben, ist der Schwung im Hirn vorbereitet und kann abgerufen werden.

Übergang vom bewussten in den unbewussten Modus

Der wichtigste Grund, warum die Schlagvorbereitung in Form eines Rituals, d. h. in einer Folge immer gleich bleibender, automatisierter Handlungen ablaufen soll, liegt darin, dass der Golfer zum Abrufen des im Hirn vorbereiteten Schwungs aus dem bewussten in den unbewussten Modus übergeführt werden soll. Die Automatik des Ablaufs soll gewährleisten, dass ab dem Beginn der Pre-Shot Routine keine bewussten Entscheidungen mehr getroffen werden. Die gehören in die Offline-Phase. Jetzt läuft alles von selbst. Es geht darum, die mentalen Voraussetzungen dafür zu schaffen, dass das Unbewusste ohne Störung durch das Bewusstsein den Schlag ausführen kann.

Ein kritischer Moment ist der Beginn der Schwungbewegung. Dabei besteht die Gefahr, dass durch einen vom Bewusstsein diktierten Start („Und jetzt geht's los") der Einsatz viel zu abrupt erfolgt und die Bewegung gleich am Anfang durch Anspannungen, Zuckungen und dergleichen verdorben wird. Außerdem soll das Bewusstsein aus der Schlagdurchführung herausgehalten werden. Wenn es zum Starten der Bewegung benützt wird, besteht die Gefahr, dass man es während des gesamten Ablaufs nicht mehr los wird. Es soll daher auch der Beginn des Schwunges ohne bewusste Entscheidung erfolgen, er soll „wie von selbst" beginnen (Siehe dazu auch das Kapitel „Golf und Zen").

Kehren wir nochmals zurück zur Meinung der Golfschülerin, dass eine stereotype Schlagvorbereitung nur etwas für Abergläubische sei. Wenn man damit meint, dass durch die Einhaltung des Rituals „von irgendwo her" ein gutes Ergebnis kommt, trifft es zu. Meint man damit aber, dass durch das Ritual der Schwung, der in uns, in unserem Unbewussten bereits vorhanden ist, herausgelassen wird, ist es wohl kein Aberglaube. Vielleicht aber besteht zwischen diesen beiden Sichtweisen gar kein Unterschied.

Von weißen Bären und roten Volkswagen. Zur Kontrolle von Gedanken und Vorstellungen

Wohl jeder Golfer wurde schon von negativen Gedanken und Vorstellungen auf der Runde heimgesucht. Es gibt zahlreiche Untersuchungen, die deren teuflische Wirksamkeit belegen. Die Fähigkeit, die eigenen Gedanken und Vorstellungen kontrollieren zu können, das Bewusstsein auf dem Golfplatz freizuhalten von negativen Inhalten, ist daher ein wichtiger Erfolgsfaktor. Einflüsse dieser Art werden genährt von Angst und Selbstzweifeln: „Nur nicht ins Wasserhindernis schlagen." „Den Putt nur nicht zu kurz lassen." „Nicht wieder das letzte Loch verhauen." Sie alle kennen diese Selbstinstruktionen und inneren Bilder. Sie tauchen auf, überschwemmen das Bewusstsein und beeinträchtigen die Performance.

Unterdrücken von Gedanken und Vorstellungen im Alltag

Das Auftauchen von Gedanken und Vorstellungen, die man gerade vermeiden will, spielt auch in anderen Lebensbereichen eine große Rolle. Wer gerade auf Diät ist, wird häufig von den wunderbarsten Bildern von Speisen beglückt und reagiert auf jeden Reiz in der Umgebung, der etwas mit Essen zu tun hat und ihn daran erinnert, dass er weniger essen soll. Ähnlich geht es dem Raucher in der Entwöhnungsphase.
Wenn Sie mit einer leichten Verkühlung im Konzert sitzen, werden Sie wenig von der Musik haben, denn Ihre Gedanken werden darum kreisen, wie Sie das Husten vermeiden können und der Reiz dazu wird immer größer werden.
Wenn Sie sich eine Eigenart abgewöhnen wollen, wie z. B. am Beginn eines Satzes „also" zu sagen, werden Sie feststellen, dass sich die „also-Frequenz" deutlich erhöht.

Daniel M. Wegner, ein amerikanischer Psychologe, untersuchte diese paradoxen Effekte, dass Gedanken und Vorstellungen, die man unterdrücken will, besonders aufdringlich sind. Er beauftragte seine Testpersonen, nicht an einen weißen Bären zu denken. Der Erfolg war absehbar: Nach einer kurzen Periode, in der es den Versuchspersonen gelang, die unerwünschten Tiere aus dem Bewusstsein zu verscheuchen, drängten sie sich gewissermaßen „rudelweise“ herein. Als die Testpersonen aufgefordert wurden, immer dann, wenn ein weißer Bär im Bewusstsein auftauchte, an einen roten Volkswagen zu denken oder sich einen solchen vorzustellen, war der Spuk vorbei.

ersetzen statt unterdrücken

Über das Zustandekommen der paradoxen Situation, dass genau das passiert, was man vermeiden möchte, gibt es verschiedene, zum Teil recht komplizierte Theorien. Am einfachsten und einleuchtendsten scheint mir die folgende zu sein, die die Arbeitsweise des Gehirns berücksichtigt: Wenn wir uns selbst, d. h. unserem Bewusstsein, den Auftrag geben, etwas nicht zu tun, z. B. nicht an Essen zu denken, werden damit im Gehirn, ohne dass uns das bewusst wird, zugehörige Neuronenmuster aktiviert. Diese sollen bewirken, dass die unerwünschten Gedanken oder Bilder frühzeitig erkannt werden; sie sind so etwas wie ein „Steckbrief“. Diese Vorwarnung bewirkt aber, dass solche Inhalte bevorzugt ins Bewusstsein kommen.

Negative Vorstellungen aktivieren das Neuronenmuster im Gehirn, das unterdrückt werden soll.

So läuft es auch bei der Ausführung von Bewegungen. Stellen Sie sich die Situation vor, Sie hätten einen Putt vor sich, bei dem das Grün hinter dem Loch abfällt, sodass die Gefahr besteht, bei einem zu starken Schlag einen langen Retourputt zu haben. Wenn sich nun der Gedanke aufdrängt: „Nur nicht zu lang“, so ist die Wahrscheinlichkeit sehr groß, dass genau das passiert, denn der Gedanke „nicht zu lang“ aktiviert die visuelle Vorstellung und das Bewegungsgefühl „zu lang“ und löst die zugehörige Bewegung aus. Aus der Sicht des Bewusstseins mag das ein paradoxer Effekt sein, aus der Perspektive des Unbewussten jedoch nicht, es hat alles richtig gemacht. Die Verneinung („nicht zu lang“) lässt sich zwar denken, aber nicht vorstellen.

Verneinung kann man denken aber nicht vorstellen.

Sian L. Beilock und Kollegen experimentierten mit positiven Vorstellungen und Vorstellungsunterdrückung beim Putten. Für die positive Vorstellung wurde den Testpersonen folgende Instruktion gegeben: „Versuchen Sie zu sehen und zu fühlen, wie Sie den Schlag ausführen, wie der Ball rollt und wie er genau über dem Zielpunkt stoppt.“ Zur Vorstellungsunterdrückung wurde die gleiche Instruktion gegeben, mit dem Zusatz: „Während Sie das tun, achten Sie sorgfältig darauf, dass Sie sich nicht vorstellen, dass der Ball hinter dem Ziel stoppt. Stellen Sie sich nicht vor, das Ziel zu überschlagen." Die Gruppe mit positiven Vorstellungen hatte die deutlich besseren Puttergebnisse.

Mit positiven Vorstellungen bessere Puttergebnisse als mit Vorstellungsunterdrückung

Daniel M. Wegner und Kollegen ließen Versuchspersonen ebenfalls mit der Anweisung Putts durchführen, das Ziel nicht zu überschlagen. Zusätzlich gaben sie einer Gruppe eine ablenkende Aufgabe; sie hatte während des Puttens in Dreier-Schritten von 1000 herunterzuzählen, also 997, 994, 991 usw. Bei dieser Versuchsanordnung war der paradoxe Effekt, d. h. das Überschlagen des Zieles trotz gegenteiliger Instruktion noch deutlicher ausgeprägt, als bei der Gruppe ohne Zusatzaufgabe. Wegner und Kollegen waren über dieses Ergebnis verwundert, was wiederum mich verwundert, denn es macht nur deutlich, wie das Unbewusste arbeitet: Die negative Vorstellung bzw. der Versuch der Unterdrückung aktiviert das zugehörige Bewegungsmuster und führt folgerichtig die vom Bewusstsein negierte Bewegung aus. Dies funktioniert, wie wir gesehen haben, umso zuverlässiger, je mehr das Bewusstsein (in diesem Fall durch eine Zusatzaufgabe) abgelenkt ist und das Unbewusste arbeiten lässt.

Lügen ist anstrengend

Ähnliches wie beim Unterdrücken von unerwünschten Gedanken und Vorstellungen spielt sich auch beim Lügen ab. Im Hirn kann man nicht einfach die Wahrheit durch eine Lüge ersetzen. Vielmehr taucht zunächst die Wahrheit auf, und diese muss dann durch Aktivität in bestimmten Regionen des Gehirns unterdrückt werden. Daher ist es anstrengender zu lügen, als die Wahrheit zu sagen. Und es dauert auch länger, wie Untersuchungen gezeigt haben: Gelogene Antworten dauerten mehr als eine Sekunde, die Wahrheit war schon nach einer halben Sekunde zu haben.

Die Konsequenzen, die sich daraus für den Golfer ergeben, sind klar:

Positive Programmierung. Geben Sie dem Unbewussten keine Instruktion, was es nicht tun soll. Es versteht Sie nicht. Es produziert stattdessen im Hirn genau das Bewegungsmuster, das Sie vermeiden wollen. Geben Sie ihm eine präzise Anweisung, was es tun soll, in Form eines klaren Bildes oder einer Bewegungsvorstellung.

Ersetzen negativer Gedanken. Wenn sich negative Gedanken, Ängste oder Befürchtungen ins Bewusstsein drängen, versuchen Sie nicht, sie wegzuschieben, sondern ersetzen Sie diese durch ein klares Bild oder eine klare Vorstellung von dem, was passieren soll. Wenn Sie befürchten, der Ball könnte mit einem Slice im Wasserhindernis verschwinden, ersetzen Sie dieses Bild durch die Vorstellung, wie der Ball dorthin fliegt und dort landet, wo Sie ihn haben möchten.

Zur Nachbereitung des Golfschlags

Nach dem Schlag ist vor dem Schlag, könnte man in Abwandlung einer Fußball-Weisheit sagen. Die Art, wie man mit dem eben erfolgten Schlag und seinem Ergebnis umgeht, ist ganz entscheidend für den nächsten Versuch. Das ist eben einer der wesentlichen Unterschiede zur Driving Range. Dort schaffen wir es, schlechte Schläge locker wegzustecken und den nächsten Ball zu nehmen. Und auch gute Schläge lassen uns nicht gleich an die Decke springen, sie zaubern höchstens ein zustimmendes Lächeln auf die Lippen – einer der Gründe, warum es beim Üben besser funktioniert als auf dem Platz. Auch in diesem Fall erleben wir wieder eine „verkehrte Welt": Auf der Driving Range, wo es Sinn machen würde, über die Ursachen eines Fehlschlages nachzudenken, fällt es uns leicht, ihn einfach zu vergessen. Auf dem Platz aber, wo das Grübeln über einen bereits begangenen Fehler nichts mehr bringt, da haftet er in unserem Bewusstsein und drückt auf die Leistung.

Zeit zum Nachdenken ist nicht immer ein Vorteil.

Wenn man zum Beispiel mit einem Tennis- oder Eishockeyspieler redet, fällt häufig das Argument: „Ihr Golfer habt es leicht, ihr habt unendlich viel Zeit für jeden Schlag, bei uns muss es meistens ganz schnell gehen." Das stimmt. Ob es aber ein Vorteil ist, viel Zeit zum Nachdenken zu haben, mag dahin gestellt sein. Viele Experten sind der Meinung, dass gerade die langen Pausen zwischen den Schlägen ein Grund für mentale Probleme im Golf sein können. Sie führen häufig nicht zu einer Klärung der Gedanken, sondern zu einem Aufschaukeln der Emotionen und zu einem Kreisen um negative Vorstellungen.

Emotionale Balance ist ein ganz wichtiger Erfolgsfaktor auf dem Golfplatz. Das Ergebnis eines Golfschlags soll sie möglichst nicht stören. Das betrifft nicht nur die Schläge, die nicht so gelungen sind, wie geplant, sondern auch ganz perfekte Resultate. Beginnen wir mit dem erfreulichen Teil, dem gelungenen Schlag.

Emotionale Balance ist ein wichtiger Erfolgsfaktor.

Bei guten Schlägen

Was soll da schon an Nachbereitung notwendig sein, es ist ja offensichtlich alles bestens gelaufen? Naja.

Da gibt es einmal die Gefahr, dass Sie in eine euphorische, übertrieben optimistische Stimmung geraten. Für das Golfspiel ist aber, wie bereits gesagt, eine ausgeglichene Stimmung im mittleren Bereich das beste Rezept. Sowohl Ärger, als auch Euphorie bedeuten eine Erhöhung der Aktiviertheit und kippen Sie aus dem Bereich heraus, in dem Sie Ihr bestes Golf spielen. Auch wenn Ihnen die Flightpartner überschwänglich zu einem versenkten „Mörderputt" oder einem sensationellen Drive gratulieren, bleiben Sie cool und nehmen Sie den erfolgreichen Schlag mit stiller Freude an. That's it.

Euphorie

Lob senkt die Leistung

Auch das noch. Nach einer Untersuchung von amerikanischen Psychologen (Baumeister u. a. 1994) stärkt Lob nicht, wie man annehmen könnte, das Selbstvertrauen, sondern erzeugt Selbstzweifel und schwächt die Performance. Das trifft sogar auf solche Schmeicheleien zu, die mit der geforderten Leistung überhaupt nichts zu tun haben, wie zum Beispiel: „Du hast ein tolles Polo an."
Verwenden Sie das aber bitte nicht beim nächsten Lochwettspiel.

Hochschrauben der Erwartungen

unrealistischer Optimismus

mehr Power

Das nächste Problem, das sich aus einem perfekt gelungenen Versuch ergeben kann, ist, dass Sie Ihre Erwartungen für die nächsten Schläge gleich höher schrauben. Das kann sich einmal auf Ihre Entscheidungen auswirken, indem Sie in unrealistischem Optimismus zu Werkzeugen greifen, wie zum Beispiel zu einem sonst eher stiefmütterlich behandelten Eisen 3 oder einem Driver zum Schlag vom Fairway und dann vermutlich wieder schmerzlich auf den Boden der Tatsachen zurückgeholt werden. Oder es wirkt sich so aus, dass Sie beim nächsten Schlag, weil der vorige so gut geklappt hat, noch ein wenig mehr Power drauflegen, um das Ergebnis zu toppen. Oder es hat zur Folge, dass Sie den besonders gelungenen Schlag zu Ihrem neuen Standard erheben und ein nur durchschnittliches Ergebnis beim nächsten Versuch in Ihnen negative Gedanken weckt und damit Ihre emotionale Balance beeinträchtigt. Wie man sieht: Es ist gar nicht so leicht, mit einem guten Schlag richtig umzugehen.

Spiel's noch mal, Sam

der Versuch, gute Schläge zu kopieren

Ein weiterer Grund, warum auf ausgezeichnete Schläge oft verkrampfte Versuche mit bescheidenen Ergebnissen folgen, kann darin liegen, dass der Spieler sich bewusst darum bemüht, den Schlag genau so zu wiederholen. Und das kann nicht gut gehen. Der Schwung, der aus dem Unbewussten fließend erfolgt ist, kann nicht mit bewusster Kontrolle kopiert werden.

Machen Sie dazu folgendes Experiment: Setzen Sie Ihre Unterschrift, die Sie aufgrund der Übung wie im Schlaf beherrschen, mit verschiedenen Schreibgeräten auf verschiedene Unterlagen, harte und weiche. Sie werden feststellen, dass sich alle diese Signaturen trotz unterschiedlicher Schreibbedingungen gleichen und ohne weiteres als Unterschriften von ein und derselben Person erkannt werden können. Dies, obwohl sie in den Einzelheiten oft beträchtlich von einander abweichen. Versuchen Sie nun, bewusst eine der Signaturen nachzuahmen. Sie werden sich dabei auf die Einzelheiten konzentrieren, das Ergebnis wird stümperhaft sein und niemand wird auf die Idee kommen, dass sie von derselben Person stammt.

Dieses Experiment entspricht dem Versuch, einen gelungenen Schlag bewusst wiederholen zu wollen. Was Sie tun können und auch tun sollen, ist, die Schlagvorbereitung so zu machen wie beim vorangegangenen Versuch. Das erhöht die Wahrscheinlichkeit, dass auch das Ergebnis gleich oder zumindest ähnlich ausfällt.
Und geben Sie Ihrem Unbewussten den Auftrag, es noch einmal zu machen, ohne ihm Einzelheiten vorzuschreiben. Machen Sie es wie Humphrey Bogart, wenn er sein Lieblingslied im Filmklassiker „Casablanca" hören wollte. Er sagte zum Pianisten: „Spiel's noch mal, Sam." Und Sam spielte es: „You must remember this ..."

Bei schlechten Schlägen

Bei schlechten Schlagergebnissen ist es oft sehr schwer, ruhig zu bleiben und die emotionale Balance zu halten. Es wird häufig ein Mechanismus in Gang gesetzt, bei dem sich der Spieler selbst fertig macht und sich in einer Weise kritisiert und beschimpft, wie er es von einer anderen Person ohne Ehrenbeleidigungsklage niemals hinnehmen würde. Oder wie würden Sie reagieren, wenn jemand zu Ihnen sagt: „Du Volltrottel, jetzt hast du schon wieder einen Putt zu kurz gelassen."
Es ist, als wären zwei Personen in einem Körper, die eine, die Golf spielt oder es zumindest versucht, und die andere, die jedes Ergebnis, das nicht ihren Erwartungen entspricht, gnadenlos kritisiert und die imaginäre Person, die den Fehlschlag produziert hat, niedermacht.
Worin liegen die Gründe für dieses schizophrene Verhalten? Meiner Meinung nach liegt der „Sinn" dieser an sich wenig sinnvollen Aktion darin, das verletzliche Ego zu schützen. Mit der übertriebenen Selbstbezichtigung soll verhindert werden, dass eine andere Person auf die Idee kommt, Kritik zu üben. Da wählt man lieber das kleinere Übel, sich selbst zu beflegeln, als von anderen auch nur den Hauch einer Kritik hinzunehmen.

Selbstbeschimpfung zum Schutz des Egos

Mit diesem rumpelstilzchenartigen Verhalten nach Fehlschlägen will der Akteur aber auch noch etwas anderes sagen: „Normal spiele ich viel besser. Ich verstehe selbst nicht, was heute los ist. Das bin nicht ich." Das Akzeptieren schlechter

Ergebnisse fällt ihm deshalb so schwer, weil er sein Ich über die Golfschläge bzw. den Score definiert (siehe dazu: „Ich bin nicht mein Golfschlag“).

Machen Sie sich was vor

Normalerweise gibt man den Rat: „Machen Sie sich nichts vor und meint damit, dass man in seinen Analysen und Einschätzungen realistisch sein soll. Dagegen ist nichts zu sagen. Es gibt aber Situationen, in denen es sehr sinnvoll ist, sich selbst etwas vorzumachen. Nehmen wir an, Ihr Abschlag verschwindet im Hindernis oder Ihr getopter Pitch zischt über das Grün. Die Enttäuschung oder der Ärger über dieses Missgeschick bewirken bestimmte Körpergefühle und Körperhaltungen: einen gesenkten Kopf, hängende Schultern, zu geringe oder zu starke Muskelspannung. Durch die Wahrnehmung dieser Körperreaktionen erfolgt eine Verstärkung der negativen Emotionen und am Ende stehen Wut oder Resignation.

Gefühle bewirken bestimmte Körperhaltungen und diese verstärken die Emotionen.

Im Tennis und in anderen Sportarten, in denen man es mit einem direkten Gegenspieler zu tun hat (auch im Golf gibt es solche Spielformen), rät man, sich ein mentales Tief nicht durch die Körpersprache anmerken zu lassen, damit der Kontrahent nicht dadurch Auftrieb erhält. Welchen Sinn hätte das aber im Golf, wenn man gegen sich selbst spielt? Das Unbewusste reagiert auf Körperzustände und produziert das dazu passende Gefühl. Hängende Schultern sind nicht nur die Auswirkung von Enttäuschung, sie erzeugen auch diesen Gefühlszustand. Angespannte Nackenmuskulatur ist nicht nur eine Auswirkung von Angst, sie verursacht dieses Gefühl auch. Spielen Sie daher Ihrem Unbewussten etwas vor. Vertreiben Sie die Enttäuschung und Resignation durch einen aufgerichteten Körper und die Angst durch entspannte Muskulatur.

„Geisterfahrer“ auf dem Golfplatz

Das Bewahren der emotionalen Balance ist wichtig, um den Golfschlag aus dem Unbewussten abrufen zu können. Bei starkem emotionalen Stress nach einem Fehlschlag kann es aber auch noch zu einem anderen Phänomen kommen – zu einer Störung der Offline-Phase, in der Entscheidungen vom

Bewusstsein cool und vernünftig getroffen werden sollen. Auf dem Golfplatz bedeutet das, dass zu den Fehlschlägen aufgrund schlechter Ausführung auch noch Fehlentscheidungen hinzukommen.

Unter Stress kommen zu Fehlschlägen noch Fehlentscheidungen.

Nach einem Fehlschlag, wenn der Ball statt auf dem Fairway im >*Rough* oder im Wasser gelandet ist, wird es notwendig sein, die ursprüngliche Strategie zu ändern. Der Traum vom Par ist vorbei, die folgende Aktion soll unter dem Titel „Rette das >*Bogey*" laufen. Unter Umständen ist aber die ursprüngliche Vorstellung, wie man das Loch spielen will, stärker als die Realität und sie lässt sich nur sehr schwer löschen und durch eine neue ersetzen. Eine solche Neuanpassung der Ziele, Vorstellungen und Strategien ist umso schwieriger, je größer der psychische Stress in der Situation ist.

Ich gebe Ihnen dazu ein Beispiel aus einem anderen Bereich. Sie haben sich vielleicht schon darüber gewundert, dass Falschfahrer auf der Autobahn, so genannte „Geisterfahrer", häufig lange Strecken in der falschen Richtung zurücklegen, obwohl sie von entgegenkommenden Lenkern per Lichthupe auf ihren Fehler aufmerksam gemacht werden und ihnen längst klar ist, dass sie einen verhängnisvollen Irrtum begangen haben. Ich erinnere mich an einen Fall, bei dem die Verkehrspolizei auf dem anderen Ast der Autobahn parallel zum Geisterfahrer fuhr und ihn per Lautsprecher aufforderte anzuhalten. Und sie mussten hilflos zusehen, wie der Lenker mit starrem Blick und um das Lenkrad gekrallten Händen weiterfuhr. Bis zum Crash.

„Geisterfahrer" bleiben bei ihrem gefährlichen Verhalten.

Dieses scheinbar unverständliche Verhalten erklärt sich daraus, dass der Mensch in einer psychischen Belastungssituation weniger in der Lage ist, sein Verhalten zu ändern und einer neuen Situation anzupassen. Stattdessen bleibt er bei seinem Handlungsmuster, auch wenn er weiß, dass es sinnlos oder sogar gefährlich ist. Offensichtlich erfordert es mehr psychische Energie, eine Handlung zu stoppen und sich neu zu orientieren, als beim eben ablaufenden Verhalten zu bleiben. Sie können diese psychologische Gesetzmäßigkeit in einer vergleichsweise harmlosen Situation an sich selber studieren. Ihnen ist es sicherlich auch schon passiert, dass Sie unter Zeitdruck einen verlegten Gegenstand, zum Beispiel die Autoschlüssel oder die Flugtickets, suchen mussten. Dabei

In psychischen Belastungssituationen ist Verhaltensänderung erschwert.

werden in der Regel in steigender Hektik immer wieder die selben Plätze abgesucht, dreimal, viermal, fünfmal. Erst nach einer längeren „Abkühlphase" sind Sie dann in der Lage, zur Kenntnis zu nehmen, dass der Gegenstand nicht an den „abgegrasten" Stellen zu finden ist und dass Sie eine neue Suchstrategie brauchen.

der berühmteste Geisterfahrer im Spitzengolf

Der wohl berühmteste „Geisterfahrer" im Spitzengolf ist Jean Van de Velde, ein französischer Tour-Professional. British Open 1999 in Carnoustie (Schottland), letzter Tag des Major-Turniers: Jean Van de Velde geht mit einem Vorsprung von drei Schlägen auf die letzte Spielbahn, ein Par 4. Der Abschlag gelingt nur mäßig und landet im Rough. An den vorangegangenen drei Turniertagen hatte der Franzose jeweils mit dem zweiten Schlag das Grün erreicht und Birdie gespielt. Trotz schlechter Lage legt er den Ball nicht mit einem kurzen Eisen vor, sondern bleibt bei seiner Strategie und greift mit einem Eisen 2 das Grün an. Der Schlag gelingt schlecht, der Ball prallt gegen einen Steher der Tribüne, von dort auf die Mauer, die den Bach vor dem Grün begrenzt und weiter in tiefes Gras. Obwohl ein kontrollierter Schlag aus dieser Lage kaum möglich ist, versucht Van de Velde, das Grün anzuspielen. Der Ball bleibt zu kurz und landet im Bach. Nun spielt sich eine geradezu gespenstische Szene ab: Der Franzose zieht die Schuhe aus, krempelt die Hosenbeine auf und schickt sich an, den Ball aus dem Wasser auf das Grün zu schlagen. Er sieht dann doch die Aussichtslosigkeit seines Vorhabens ein, nimmt einen Strafschlag in Kauf und versucht einen Pitch auf das Grün, der Ball landet jedoch im Bunker. Von dort schlägt er endlich den Ball auf das Grün und locht den Putt ein – Triple-Bogey. Er ist somit schlaggleich mit zwei weiteren Spielern und muss in ein Stechen, das er schließlich verliert.
Der starre Blick auf das Ziel und das sture Festhalten an der Strategie hinderten Van de Velde daran, einen Umweg in Kauf zu nehmen, um den Sieg zu erringen. Hätte er den zweiten Schlag aus dem Rough vorgelegt und dann erst das Ziel angegriffen, der Sieg wäre ihm wohl nicht zu nehmen gewesen. Und selbst als der Ball nach dem zweiten Schlag im

hohen Gras gelandet war, wäre mit einem Pitch zurück auf das Fairway noch alles zu retten gewesen.
Damit wir uns richtig verstehen: Van de Velde verlor das Turnier nicht, weil er auf der letzten Spielbahn schlechtere Schläge produzierte, als an den vorangegangenen Tagen, sondern weil er die falschen Entscheidungen traf. Wäre er an einem der ersten drei Turniertage vor der gleichen Situation gestanden, ist es geradezu unvorstellbar, dass er sich so verhalten hätte. Der psychische Druck des „Endspiels" verhinderte, dass er die Realität nach den Fehlschlägen zur Kenntnis nahm und seine Strategie flexibel anpasste. Er hätte dafür genügend Optionen gehabt, nützte sie aber nicht. So ging er als tragischer Held in die Golfgeschichte ein.
Ein wenig von dem spielt sich auch in unserem Amateur-Golfleben ab, wenn wir im Bemühen, das Par zu retten, das Doppel- oder Triple-Bogey in Kauf nehmen müssen. Diese hoch riskanten Versuche sind nicht der Ausdruck von Mut, sondern der Unfähigkeit, eine neue Spielsituation zur Kenntnis zu nehmen und die Strategie darauf abzustimmen.

Risiko ist manchmal nicht Mut, sondern Unfähigkeit, die Strategie zu wechseln.

Stopp. Wenn man in einer solchen Situation die Gedanken und Vorstellungen unkontrolliert weiterlaufen lässt, ziehen sie einen wie ein Strudel nach unten. Der erste wichtige Schritt ist daher, dem negativen Gedankenstrom mit einem energischen „Stopp" entgegenzutreten. Dieses schafft erst die Möglichkeit für weitere Aktionen des Bewusstseins.
Distanz. Der zweite Schritt besteht darin, Distanz zu gewinnen, etwas von sich selbst zurückzutreten und zu schauen: Was ist wirklich passiert? Was läuft in mir ab? Was bin ich im Begriff zu tun? Die Distanz durchbricht die unmittelbare emotionale Betroffenheit und gibt die Freiheit, die Dinge realistisch zu sehen. Wenn ein Außenstehender einen Akteur beobachtet, der aufgrund von Enttäuschung, Angst oder Ärger von alten Konzepten nicht loskommt, so sieht er meist genau, was schief läuft. Nur der Betroffene selbst nicht. Er ist zu nahe dran. Die Realität offenbart sich erst, wenn man Abstand nehmen kann.
Kehren wir nochmals nach Carnoustie und zu Van de Velde zurück. Wohl die meisten Zuschauer bemerkten, welches Drama hier seinen Lauf nahm. Nur der Betroffene selbst nicht. Es ist mir heute noch unverständlich, dass der Caddy

nicht eingriff. Er hatte, außer von Van de Velde selbst, als Einziger die Möglichkeit, die Realität zu sehen und in die Handlung einzugreifen.

Neuorientierung. Erst wenn diese beiden Schritte getan sind, ist es möglich, die Dinge zu sehen, wie sie sind. Und dann kann eine Neuorientierung erfolgen. Im Fall von Van de Velde hätte dies bedeutet: Der Abschlag ist im Rough gelandet. Ich lege also vor, spiele einen Pitch auf das Grün, zwei Putts und ich gewinne das Turnier mit zwei Schlägen Vorsprung.

Achtung, Nebenwirkungen

Die Umstellung vom bewussten zum unbewussten Modus im Golf, d. h. vom Versuch der bewussten Kontrolle der Bewegung zur Ausführung aus dem Unbewussten, ist radikal. Sie erfordert viel Training, wird manche Rückschläge, aber auch wunderbare Erlebnisse und Erfolge bringen. Und Sie müssen oder dürfen mit Nebenwirkungen rechnen, denn es handelt sich dabei nicht um eine bloße Veränderung der Lenkung der Aufmerksamkeit, damit Sie eine an sich bedeutungslose Bewegung, nämlich den Golfschlag, effizienter ausführen können. Sie greifen damit in den Kampf der Giganten ein, in das Zusammenspiel von Bewusstsein und Unbewusstem. Die Wirkungen gehen weit über das Golfspiel hinaus. Sie werden Ihnen zum Teil angenehm, zum Teil möglicherweise aber auch unangenehm sein.

„Kampf der Giganten"

Wer hat geschlagen?

Von außen betrachtet unterscheidet sich ein Golfer, der im bewussten Modus spielt, nicht von einem, der sich im unbewussten Modus befindet. Beide sind an einem guten Ergebnis interessiert und beide konzentrieren sich offensichtlich auf etwas. Was aber ein gelungener Versuch ist und worauf die Konzentration gerichtet ist, darin unterscheiden sich die beiden Spieler.

Im bewussten Modus besteht das gute Ergebnis darin, dass der Schlag so gelingt, wie er in der Bewegungsplanung konzipiert wurde. Es ergibt sich von selbst, dass man das nur dann feststellen kann, wenn man die Ausführung mit dem Bewusstsein begleitet. Im unbewussten Modus spreche ich dann von einem guten Ergebnis, wenn es gelungen ist, das Bewusstsein von der Schlagausführung abzulenken und die Fixierung, die Visualisierung oder die Konzentration auf Klang, Rhythmus oder Balance mit hoher Qualität aufrecht zu erhalten. Im ersten Fall steht die Schlagausführung im Blickfeld des Spielers, im zweiten Fall die Lenkung der bewussten Aufmerksamkeit auf einen bestimmten Wahrnehmungsinhalt.

Unterschiedliche Spiele: im bewussten Modus den Schlag machen, im unbewussten Modus ihn zulassen.

Oder anders ausgedrückt: Im ersten Fall bemühe ich mich, den Schlag zu machen, im zweiten Fall, ihn zuzulassen. Wenn nun ein Versuch nicht gelungen ist und man beide Spieler fragen würde, woran dies gelegen sei, wird ersterer möglicherweise sagen, dass der Release zu spät gekommen sei oder die Gewichtsverlagerung nicht gestimmt oder ein anderes Schwungdetail nicht funktioniert habe. Der zweite Spieler wird solche Feststellungen gar nicht treffen können, weil seine Aufmerksamkeit, wenn er seinen Job gut gemacht hat, nicht auf die Bewegungsausführung gerichtet war. Er wird den Grund möglicherweise darin sehen, dass es ihm nicht gelungen ist, die Konzentration auf den Ball bis zum Zeitpunkt des Treffens aufrecht zu erhalten. Es sind eigentlich ziemlich unterschiedliche Spiele, die die beiden spielen.

Wer soll sich über einen Schlag freuen, den das Unbewusste getan hat?

Die auffälligste Nebenwirkung, die das Spielen im unbewussten Modus hat, liegt darin, dass im Fall eines gut gelungenen Schlages nicht ganz klar ist, wer ihn eigentlich gemacht hat und ob man sich überhaupt darüber freuen soll. Üblicherweise schreiben wir die Erfolge dem Ich zu. Ich habe gut gespielt. Ich habe gewonnen. In dem Fall aber hat das Unbewusste den Schlag ausgeführt und die Leistung des Bewusstseins bestand lediglich darin, sich auf einen Wahrnehmungsinhalt zu konzentrieren und das Unbewusste schlagen zu lassen. Der Schlag selber ist passiert.
Es ist tatsächlich etwas Fremdes an diesem unbewussten Spiel. Besonders dann, wenn es gut funktioniert. Es ist ähnlich fremd, wie eine Idee, die uns aus dem Unbewussten zugeflogen ist. Solche Empfindungen haben sicherlich kreative Menschen, Musiker, Maler, Literaten, die ihre Werke aus dem Unbewussten schöpfen.

Absichtslosigkeit und Ichlosigkeit stellen hohe Ziele im Zen-Buddhismus dar. Der Golfschlag im unbewussten Modus hat etwas von beidem: Die bewusste Absicht betrifft nicht den Golfschlag. Der wird gewissermaßen als selbstverständlich vorausgesetzt. Sie betrifft vielmehr die Lenkung der Aufmerksamkeit auf einen anderen Wahrnehmungsinhalt. Das Ich als Bestandteil des Bewusstseins ist somit an der Schlagausführung nicht beteiligt.

Wer hat also geschlagen? Und wer soll sich freuen, wenn der Schlag gelungen ist, ich oder ich? Sie werden spüren, dass nicht Ihr bewusstes Ich den Schlag ausgeführt hat, und Ihre Freude über gelungene Versuche wird auch ruhiger und distanzierter sein, denn der Erfolg ist keine Bestätigung für das Ego. Höchstens dann, wenn Sie unter Ich nicht nur die bewussten Anteile, sondern auch die unbewussten verstehen. Manche Autoren bezeichnen dieses „Gesamt-Ich" als Selbst. Ihr bewusstes Ich wird es sich nicht so ohne weiteres gefallen lassen, aus der Schlagausführung ausgeschlossen und in seinem Einfluss beschnitten zu werden. Es wird jede Gelegenheit nützen, um sich wieder einzubringen. Ein besonders beliebtes Schlupfloch besteht darin, dass Ihnen das Bewusstsein, wenn auf der Runde einige Schläge nicht wunschgemäß gelungen sind, und wann ist das nicht der Fall, einflüstert, dass Sie etwas an Ihrem Schwung ändern müssen. Möglicherweise stimmt das, möglicherweise ist es aber nur ein Trick des Bewusstseins, denn dann hat es wieder Oberwasser, kann kommandieren und kontrollieren und ist in seinem Element. Und vielleicht haben Sie auch (wieder) Spaß an diesem Ego-Spiel: Ich habe eine Bewegungsvorstellung, ich mache die Bewegung, ich kontrolliere den Ablauf. Seien Sie auf solche Begehrlichkeiten des Bewusstseins vorbereitet und entscheiden Sie, ob eine Schwungänderung wirklich notwendig ist oder ob sich nur das Bewusstsein wichtig machen will.

Das Bewusstsein will durch ein Schlupfloch wieder ins Spiel kommen: Schwungänderung.

Ich bin nicht mein Golfschlag

Das Gefühl der Fremdheit, dem eigenen Golfschlag gegenüber, der Eindruck: Ich bin zwar dabei, aber ich bin nicht der „Macher", führt zu der wichtigen Unterscheidung zwischen Golfschwung und Ich. Ich bin nicht mein Golfschlag. Das gilt bei gelungenen Schlägen ebenso, wie bei solchen, die daneben gegangen sind. Wenn der Golfschlag aber insgeheim oder offen dazu dient, Ihr Ich zu bestätigen, dann können Sie zwar Erfolge auf die Fahnen des Egos heften, der Misserfolg aber, und das ist nur konsequent, wird Ihrem Selbstwertgefühl schaden. Die Trennung von Ich und Golfschlag tut beiden gut. Das Ich fühlt sich nicht bemüßigt, ständig einzu-

Die Trennung von Ich und Golfschwung nützt beiden, dem Ich und dem Golfschwung.

greifen, da es sich nicht bedroht fühlen muss. Und das kommt wieder dem Golfschlag zugute, da er ohne Einmischung des Bewusstseins ungestört ablaufen kann.

Ganz ähnlich ist es im Berufs- und Alltagsleben. Wenn es Ihnen zum Beispiel bei einem Vortrag trotz guter Vorbereitung nicht gelungen ist, die Zuhörer zu fesseln und zu überzeugen, sind Sie trotzdem kein schlechter Redner, kein schlechter Mitarbeiter und kein schlechter Mensch.

Oder wenn Sie Freunde eingeladen haben und das Menü war trotz größten Bemühens ein Flop, steht dennoch nicht Ihr Ich zur Disposition. Wenn allerdings der Vortrag und das Essen nur Instrumente waren, Ihr Ich aufzupäppeln, dann tut der Misserfolg schon weh.

Weniger Stress

Ergebnisorientierung schafft mehr Stress, als Konzentration auf einen bestimmten Bewusstseinszustand.

Der Golfer, der im bewussten Modus spielt, hat vor dem Versuch den Stress, ob der Schlag wohl so gelingt, wie er geplant ist, ob das Grün wohl erreicht wird, der Chip die richtige Länge hat, der Putt fällt. Es ist der Stress, die Bewegung richtig auszuführen und das erwartete Ergebnis zu erzielen. Der Spieler im unbewussten Modus hat solche Sorgen nicht. Sein Bemühen ist darauf gerichtet, das Bewusstsein während des Schlages auf einen bestimmten Wahrnehmungsinhalt zu lenken. Das ist eine Aufgabe, die zwar schwierig ist, die aber weniger Angst und Selbstzweifel vermittelt. Die Aufgabe: „Fokussiere einen Punkt auf dem Ball während du den Golfschwung ausführst" ist von anderer Qualität, als: „Schlage diesen Ball auf das Grün". Die Absicht, ein bestimmtes Ergebnis zu erzielen, schafft offensichtlich mehr Stress, als der Vorsatz, die mentalen Voraussetzungen dafür zu schaffen. Wenn Sie also vor einem schwierigen Schlag stehen und Zweifel an Ihrer Performance zu nagen beginnen, machen Sie Ihrem bewussten Ich klar: „Du brauchst diesen Schlag nicht auszuführen. Das erledigt das Unbewusste. Reg dich also wieder ab, denn alles, was du zu tun hast, ist, die bewusste Aufmerksamkeit auf eine Vorstellung oder einen Wahrnehmungsinhalt zu lenken und dabeizubleiben. Traust du dir das zu? Na also."

Hilflosigkeit

Das Spielen im unbewussten Modus bedeutet, dass man sein „Schicksal" zu einem wesentlichen Teil dem Unbewussten überantwortet, also einer Instanz, die sich dem bewussten Zugriff, dem Wollen und dem Bemühen entzieht. Für viele eine schaurige Vorstellung, für manche aber ganz normal, wie zum Beispiel für Sänger, Tänzer, Musiker, Maler, Fußballspieler, insbesondere Stürmer, Eiskunstläufer, Schispringer und, und, und. Die schaurige Vorstellung rührt daher, dass der Mensch, vornehmlich in unseren Breiten, sich gern als Herr (oder Frau) seines (oder ihres) Geschickes sieht. Die Illusion, unser Leben selber bestimmen zu können, ist für unser psychisches Wohlbefinden wahnsinnig wichtig. Wenn wir uns überlegen, wie wenig das objektiv zutrifft, muss es erstaunen, wie hartnäckig wir diese Überzeugung vertreten. Diese Einstellung, auch wenn sie noch so wenig gerechtfertigt ist, kann Kräfte freisetzen, um das Schicksal zu „biegen". Aufgeben, sich gehen lassen, gilt im Sport als eine der Todsünden. Auch im Existenzkampf des Berufs- und Alltagslebens ist es bei uns nicht anders.

Spielen im unbewussten Modus heißt: Aufgeben der Illusion, den Schlag kontrollieren zu können.

In der Psychologie gibt es für dieses Phänomen den Begriff „Kontrollüberzeugung". Äußere (externe) Kontrollüberzeugung würde vorliegen, wenn jemand der Meinung ist, dass sein Geschick von anderen Personen oder vom Zufall abhängig ist. Es ist klar, dass bei einer solchen Einstellung die Bereitschaft, sich anzustrengen, nur gering ausgeprägt ist, denn es hat ja offensichtlich nur wenig Sinn. Menschen mit hoher innerer Kontrollüberzeugung sehen sich hingegen als Schmiede des eigenen Glücks oder Unglücks. Sie glauben, dass der Erfolg von ihnen selbst abhängt, dass es sich auszahlt, dafür etwas (oder alles) zu tun.

Kontrollüberzeugung

Kehren wir zurück zum Golfspiel: Es ist keine Frage, dass der Score das Ergebnis meines Verhaltens ist. Auf andere Personen kann ich es nicht schieben und auch der Zufallseinfluss, obwohl er selbstverständlich gegeben ist, gleicht sich im Lauf der Spielrunden aus. Es kommt aber etwas anderes hinzu: Auch wenn ich die Überzeugung habe, dass ich selbst der Verursacher dieses Golfschlages bin, muss ich noch zwischen den Anteilen des bewussten Handelns und des unbewussten Geschehen-Lassens unterscheiden. Denn das Unbe-

Das Bewusstsein schafft die Voraussetzungen für den Schwung des Unbewussten.

wusste, obwohl es sich in „meinem" Hirn abspielt, ist meinem bewussten Zugriff genauso wenig zugänglich, wie der Zufall. Ich kann vom Bewusstsein aus nur Voraussetzungen schaffen, die einen guten Schwung des Unbewussten begünstigen; ich kann gut trainieren, eine gleich bleibende Pre-Shot Routine einhalten und das Bewusstsein auf einen anderen Wahrnehmungsinhalt lenken.

Wenn nun der Schwung des Unbewussten nicht funktioniert, und diese Phasen gibt es, darauf können Sie sich verlassen, dann fühlen Sie sich hilflos. Sie haben dann nichts, um sich anhalten zu können. Wer im bewussten Modus spielt, ist zwar objektiv gesehen genau so chancenlos, den Schwung zu „machen", er hat aber wenigstens die Illusion, etwas tun zu können. Wer im unbewussten Modus spielt, hat diese Illusion nicht. Darauf wollte ich Sie vorbereiten.

Golf und Zen. Die Schneelast fällt vom Bambusblatt

Bei den Konzentrationsübungen, die zur Fixierung des Bewusstseins beschrieben wurden, handelt es sich eigentlich um Meditationstechniken, wie sie zum Beispiel im Zen-Buddhismus praktiziert werden. Das ist nicht verwunderlich, denn zwischen Golf und Zen gibt es augenscheinliche Parallelen.

Ich-losigkeit und Absichtslosigkeit

Im Zen stellen Ichlosigkeit und Absichtslosigkeit im Tun die großen Ziele dar. Für uns in der westlichen Welt wäre es vermessen, uns diese Ziele zu eigen machen zu wollen. Aber man kann es drehen und wenden, wie man will: Ansätze davon machen das Golfspiel aus.

Vormarsch östlicher Profis

Man muss kein Prophet sein, um voraussagen zu können, dass im Spitzengolf in naher Zukunft Spieler aus Asien ein gehöriges Wort mitreden werden. Bei den Damen ist der Vormarsch fernöstlicher Proetten bereits in vollem Gange. Die in diesen Teilen der Welt bestehende Lebensphilosophie und -praxis kommt dem Golfsport in hohem Maße entgegen. Es ist die Verbindung vom Willen, Bewegungen mit äußerster Disziplin zu üben, bis sie völlig automatisiert sind, und der Fähigkeit, die erworbene Fertigkeit in einem geistigen Zustand abzurufen, in dem keine Einmischung des Bewusstseins in die unbewussten Abläufe erfolgt. Für Tiger Woods ist es sicherlich kein Nachteil, dass seine Mutter eine Thai ist und er dadurch aus der Quelle fernöstlicher Lehren schöpfen kann.

Ich habe viele Freunde, die sich mit Buddhismus, Yoga und Meditation beschäftigen und noch nie einen Golfschläger in der Hand hatten. Dennoch stehen sie dem Geist dieses Spiels näher, als Legionen von Golfern, die auf den Plätzen dieser Welt achtlos herumhacken.

Machen wir einen Blick auf eine Zen-Übung, die Eugen Herrigel so eindrucksvoll beschrieben hat, das Bogenschießen.

Zen in der Kunst des Bogenschießens

Eugen Herrigel, ein deutscher Philosoph, absolvierte von 1924 bis 1929 eine Lehrtätigkeit in Japan. In dieser Zeit ließ er sich von einem Zen-Meister in der Kunst des Bogenschießens unterweisen. Seine Erfahrungen hat er später in dem erfolgreichen Buch „Zen in der Kunst des Bogenschießens" zusammengefasst. Er gilt als einer der ganz wenigen Nicht-Japaner, die das Wesen des Zen erfasst haben.

Im Golf ist, wie im Bogenschießen, sehr viel beharrliches Üben notwendig, damit man die Tätigkeit ohne bewusste Kontrolle ausführen kann. Herrigel berichtet, dass er ein Jahr lang nur das Spannen des Bogens geübt habe, bevor er erstmals einen Schuss lösen durfte. Er schreibt dazu:

„Auch wenn der Schüler in diesem Stadium noch nicht die Tragweite seiner Schüsse begreift, versteht er dennoch endgültig, weshalb Bogenschießen kein Sport, keine turnerische Übung sein kann. Er versteht, weshalb das technisch Erlernbare daran bis zum Überdruss gewissenhaft eingeübt werden muss. Wenn alles davon abhängt, dass man sich völlig selbstvergessen und absichtslos dem Geschehen einfügt, muss sich sein äußerer Vollzug wie von selbst abspielen, keiner lenkenden und kontrollierenden Überlegung bedürftig."
(S. 40)

Den geistigen Zustand, der dabei angestrebt wird und in dem das Spannen des Bogens und das Lösen des Schusses erfolgen soll, beschreibt Herrigel so:

„Der Zustand, in dem nichts Bestimmtes mehr gedacht, geplant, erstrebt, erwünscht, erwartet wird, der nach keiner besonderen Richtung zielt und dennoch aus unabgelenkter Kraftfülle sich zu Möglichem wie Unmöglichem geschickt weiß – dieser Zustand, der von Grund aus absichtslos und ichlos ist, wird vom Meister als eigentlich ‚geistig' bezeichnet." (S. 38)

Eine Parallele zwischen Zen und Golf besteht auch in der Bedeutung des Rituals für die Vorbereitung auf die Übung. Beim Bogenschießen spielt es sich natürlich anders ab, als beim Golf. Würde man mit dem Golfschläger ähnlich verfahren, wie der Bogenschütze mit Pfeil und Bogen, wäre der Eindruck auf dem Golfplatz eher eigenartig. Von der Struktur her gleichen sich aber die beiden Rituale und sie sind auf dasselbe Ziel ausgerichtet: auf eine unabsichtliche, nicht vom Bewusstsein gesteuerte Ausführung der Tätigkeit.

„Das spielende Hingleiten in den Vorgang des Spannens des Bogens und der Lösung des Schusses wird dadurch angebahnt, dass sich der Schütze, der seitwärts kniend sich zu konzentrieren beginnt, durch feierliches Schreiten vor das Ziel bringt, nach tiefer Verneigung Bogen und Pfeil auflegt, den Bogen hochnimmt, ihn spannt und in höchster geistiger Wachheit wartend verweilt. Nach der blitzartigen Lösung des Schusses und zugleich der Spannung verharrt der Schütze in der Stellung, die er unmittelbar nach dem Schuss einnimmt, so lange, bis er nach lang gedehnter Ausatmung wieder Luft holen muss."

Die sensible Phase des Schwungbeginns, wenn aus einem Zustand völliger Ruhe die Bewegung einsetzt, könnte man mit dem Lösen des Schusses beim Bogenschießen vergleichen. Diesem wird im Zen allergrößte Aufmerksamkeit gewidmet. Der Abschuss darf nicht bewusst getan werden, sonst ist er verdorben. Er muss *„vom Schützen abfallen, wie* *die Schneelast vom Bambusblatt, noch ehe er es gedacht hat."* (Herrigel S. 38)[8]

***

Ich bin sicher, dass ich Ihnen nicht zuviel verspreche, wenn ich sage, dass das Spielen im unbewussten Modus Ihre Einstellung zum Golf verändern wird. Sie werden erfahren, dass es weit mehr ist, als eine athletische Übung, die Umsetzung technischer Anweisungen oder eine Ausgleichsbeschäftigung für Ihr „übriges" Leben. Es hat vielmehr damit zu tun, das Zusammenspiel von bewussten und unbewussten Vorgängen besser zu verstehen und das Unbewusste in das Selbst zu integrieren.

Vielleicht sind Sie nach der Lektüre dieses Buches aber der Meinung, dass Golf viel zu banal ist, um diese Dinge hinein zu geheimnissen. Sie haben Recht: Das Wesen des Golfs liegt nicht darin, zu spielen und dabei über den Sinn des Lebens nachzudenken, sondern zu spielen und an <u>nichts</u> zu denken.

Aber genau das wär's.

---

8 Wer an weiterführenden Gedanken zu diesem Thema interessiert ist, dem empfehle ich das Buch „Zengolf" von Joseph Parent, einem amerikanischen Zen-Lehrer und Golf-Coach. Darin sind wertvolle Hinweise enthalten, wie buddhistische Philosophie und Praxis auf das Golfspiel angewandt werden können.

Literaturliste

Baumeister, R. F. et. al. (1979): Inferior performance as a selective response to expectancy: Taking a dive to make a point. In: Journal of Personality and Social Psychology, Vol. 37, No. 3, 424432

Baumeister, R. F. (1984): Choking under pressure: self-consciousness and paradoxical effects of incentives on skillful performance. In: Journal of Personality and Social Psychology, Vol. 46, No. 3, 610–620

Baumeister, R. F. et. al. (1994): Losing control. How and why people fail at self-regulation. Academic Press, London

Beiglböck, W., S. Feselmayer und B. Bischof (1989): Ergopsychometrie. Neue Wege der experimentellen Psychodiagnostik pathologischer Belastungssituationen. In: Zeitschrift für experimentelle und angewandte Psychologie, XXXVI, 1, 16–30

Beilock, S. L. et. al. (2001): „Don't miss!" The debilitating effects of suppressive imagery on golf putting performance. In: Journal of Sport&Exercise Psychology, 23, 200–221

Beilock, S. L. & T. H. Carr (2001): On the fragility of skilled performance. What governs choking under pressure? In: Journal of Experimental Psychology: General. Vol. 130, No. 4, 701–725

Beilock, S. L. et. al. (2002): When paying attention becomes counterproductive: impact of divided versus skill-focused attention on novice and experienced performance on sensorimotor skills. In: Journal of Experimental Psychology: Applied. Vol. 8, No. 1, 6–16

Beilock, S. L. et. al. (2002): Expertise, attention, and memory in sensorimotor skill execution: Impact of novel task constraints on dual-task performance and episodic memory. In: The Quarterly Journal of Experimental Psychology, 55A (4), 1211–1240

Beilock, S. L. et. al. (2004): Haste does not always waste: Expertise, direction, and speed versus accuracy in performing sensorimotor skills. Psychonomic Bulletin & Review, 11 (2), 373–379

Born, J. und U. Kraft (2005): Lernen im Schlaf – kein Traum. In: Spektrum der Wissenschaft, Dossier. 4, 38–45

Breslow, D. (2002): Wired to win. The mental keys to play your best golf (Eigenverlag)

Brown, A. L. (1984): Metakognition, Handlungskontrolle, Selbststeuerung und andere, noch geheimnisvollere Mechanismen. In: Weinert, F. E. und Kluwe, R. H. (Hrsg.) Metakognition, Motivation und Lernen. Verlag W. Kohlhammer, Stuttgart Berlin Köln Mainz

Bund, A. (2000): Steigert Selbstvertrauen die Leistung beim Bewegungslernen? dvs-Informationen, 15, 1, 30

Collins, J. (2004): Der Weg zu den Besten. Die sieben Management-Prinzipen für dauerhaften Erfolg. Deutscher Taschenbuch Verlag, München

Csikszentmihalyi, M. (1987): Das flow-Erlebnis. Jenseits von Angst und Langeweile: im Tun aufgehen. Klett-Cotta, Stuttgart

Dambmann, U. M. (2004): Erfolgsfaktor Hirn oder die Auflösung des Widerspruchs von Gefühl und Verstand. LIT VERLAG Münster

Gallwey, W. T. (2003): Inner Game Golf. Die Idee vom Selbstcoaching. Alles im Fluss Verlag, Am Rebberg, Staufen

Goss, S., C. Hall & E. Buckolz (1986): Imagery ability and the acquisition and retention of movements. In: Memory & Cognition, 14, 6, 469–477

Green, B. und W. T. Gallwey (1993): Der Mozart in uns. The inner game of music oder eine Anleitung zum Musizieren. Verlag Im Waldgut AG, Frauenfeld

Haufler, A. J. et al. (2000): Neuro-cognitive activity during a self-paced visiospatial task: comparative EEG profiles in marksmen and novice shooters. In: Biological Psychology, 53, 131–160

Hebbel-Seeger, A. und V. Lippens (1994). Das Wissen um die optimale Bewegung – Wie wird Intuition gelernt? In: Krug, J. und H.-J. Minow (Hrsg.): Sportliche Leistung und Training. Academia Verlag, Sankt Augustin

Herrigel, E. (2004): Zen in der Kunst des Bogenschießens. Der Zen-Weg. Fischer Taschenbuch Verlag, Frankfurt am Main

Höhler, G. (2005): Warum Vertrauen siegt. Ullstein Taschenbuch, Berlin

Hoffmann, J. (1993): Unbewusstes Lernen – eine besondere Lernform? In: Psychologische Rundschau, 44, 75–89

Hoffmann, J. (1993): Gedächtnis und Lernen, Prozess und Resultat, Inzidentell und Intentional: Eine Erwiderung auf den Kommentar von H. J. Markowitsch. In: Psychologische Rundschau, 44, 109–112

Hüpper, G. (1988): Handbuch des Golfspiels. Theorie, Praxis, Psychologie. HEEL-Verlag GmbH, Königswinter

Kandel, E. R. und R. D. Hawkins (1992): Molekulare Grundlagen des Lernens. In: Spektrum der Wissenschaft, 11, 66–76

Kanfer, F. H. & M. K. Stevenson (1985): The effects of self-regulation on concurrent cognitive processing. In: Cognitive Therapy and Research. Vol. 9, No. 6, 667–684

Kanfer, R. & P. L. Ackerman (1989): Motivation and cognitive abilities: Aptitude-treatment interaction approach to skill acquisition. In: Journal of Applied Psychology, Vol. 74, No. 4, 657–690

Kibele, A. (2001): Unbewusste Informationsverarbeitung – ein Thema für die Sportwissenschaft?! Theoretische Darstellung und ausgewählte Grundlagenuntersuchungen zu einem bislang in der

Sportwissenschaft verkannten Phänomen. Peter Lang GmbH, Frankfurt am Main

Kraft, U. (2003): Kurze Beine? Haben wir alle! In: Gehirn & Geist, 1, 18–22

Langer, E. J. & L. G. Imber (1979): When practice makes imperfect: Debilitating effects of overlearning. In: Journal of Personality and Social Psychology, Vol. 37, No. 11, 2014–2024

Loosch, E. (1993): Das Ganze läuft genauer ab als seine Teile. In: Sportpsychologie, 1, 26–30

Malik, F. (2006): Sinn statt Moral. In: Trend. Das österreichische Wirtschaftsmagazin, 1, 156–158

Marahrens, L und J.-G. Keil (2004): Trainingsweltmeister – Eine Phänomenanalyse aus der Erlebensperspektive betroffener Leistungssportler. In: Zeitschrift für Sportpsychologie 3, 112–120

Markowitsch, H. J. (1993): Lernen: Bewusst – unbewusst – implizit – explizit – prozedural – semantisch – episodisch – priming. Ein Kommentar zu Hoffmanns Bericht über „Unbewusstes Lernen". In: Psychologische Rundschau, 44, 106–108

Munzert, J. (1992): Motorik-Repräsentation, Bewegungswissen und Bewegungshandeln. In: Sportwissenschaft, 22, 3, 344–356

Murphy, M. (1994): Golf und Psyche. Der Weg zum intuitiven Golf. Ernst Kabel Verlag GmbH, Hamburg

Neumann, J. (2000): Autogenes Golf. Der Weg zum besseren Handicap. BLV Verlagsgesellschaft mbH, München Wien Zürich

Neumann, O. (1992): Theorien der Aufmerksamkeit: von Metaphern zu Mechanismen. In: Psychologische Rundschau, 43, 83–101

Neumann, O. und U. Simon (1994): Bewusstsein, Aufmerksamkeit, Konzentration. In: Psychologie und Sport, 1 (4), 123–139

Noerretranders, T. (1997): Spüre die Welt. Die Wissenschaft des Bewusstseins. Rowohlt Taschenbuch Verlag GmbH, Reinbek bei Hamburg

Parent, J. (2002): Zen Golf. Mastering the mental game. Doubleday, New York London Toronto Sidney Auckland

Peyker, I. (1992): Was weiß mein Körper, das ich nicht weiß? Oder: Was weiß ich, das mein Körper nicht versteht? In: ÖZS, 17, 4, 75–91

Peyker, I. (2003): Täter und Opfer, Sieger und Verlierer – die kulturelle Version der Erzählung. In: Neuhold, D. (Hrsg.): Fußball und mehr ... ethische Aspekte eines Massenphänomens. Verlagsanstalt Tyrolia, Innsbruck

Polanyi, M. (1985): Implizites Wissen. Suhrkamp, Frankfurt am Main

Reber, A. S. (1989): Implicit learning and tacit knowledge. In: Journal of Experimental Psychology: General, Vol. 118, No. 3, 219–235

Robertson, I. (2001): Das Universum in uns. Wie wir das ungenutzte Potential des Gehirns ausschöpfen können. Piper Verlag GmbH, München

Roth, G. (2001): Fühlen, Denken, Handeln. Wie das Gehirn unser Verhalten steuert. Suhrkamp Verlag, Frankfurt am Main

Schacter, D. L. (1999): Wir sind Erinnerung. Gedächtnis und Persönlichkeit. Rowohlt Verlag GmbH, Reinbek bei Hamburg

Singer, R. N., R. Lidor & J. H. Cauraugh (1993): To be aware or not aware? What to think about while learning and performing a motor skill. In: The Sport Psychologist, 7, 19–30

Singer, R. N., R. Lidor & J. H. Cauraugh (1994): Focus of attention during motor skill performance. In: Journal of Sports Sciences, 12, 335–340

Singer, W. (2002): Der Beobachter im Gehirn. Essays zur Hirnforschung. Suhrkamp Verlag, Frankfurt am Main

Smith, A. M. et al. (2000): A multidisciplinary study of the ‚yips' phenomenon in golf. An exploratory analysis. In: Sports Medicine, Dec. 30 (6), 423–437

Squire, L. R. und E. R. Kandel (1999): Gedächtnis. Die Natur des Erinnerns. Spektrum Akademischer Verlag, Heidelberg Berlin

Strauss, B. (1997): Choking under pressure: Positive öffentliche Erwartungen und Leistungen in einer motorischen Aufgabe. In: Zeitschrift für Experimentelle Psychologie, Band XLIV, Heft 4, 636–655

Sugiyama, Y. & M. S. Lee (2005): Relation of eye dominance with performance and subjektive ratings in golf putting. Perception and Motor Skills, 100, 761–766

Updike, J. (1994): Rabbit in Ruhe. Rowohlt Taschenbuch Verlag GmbH, Reinbek bei Hamburg

Updike, J. (2004): Golfträume. Rowohlt Taschenbuch Verlag, Reinbek bei Hamburg

Vallacher, R. R. & D. M. Wegner (1987): What do people think they're doing? Action identification and human behavior. In: Psychological Review, Vol. 94, No. 1, 3–15

Wegner, D. M. (1994): Ironic processes of mental control. In: Psychological Review, Vol. 101, No, 1, 34–52

Wegner, D. M. et al. (1987): Paradoxical effects of thought suppression. In. Journal of Personality and Social Psychology, Vol. 53, No. 1, 5–13

Wegner, D. M. et al. (1998): The putt and the pendulum. Ironic effects of the mental control of action. In: Psychological Science, Vol. 9, No. 3, 196–199

Wiemeyer, J. (1996): „Je mehr ich denke, desto schlechter werde ich!“ Bewusstsein – „Motor“ oder „Bremse“ des Bewegungslernens? In: Psychologie und Sport, 3, 92–108

Wine, J. (1971): Test anxiety and direction of attention. In: Psychological Bulletin, Vol. 76, No. 2, 92–104

Wörz, T. (2003): Mentales Golf. BLV Verlagsgesellschaft mbH, München

Wulf, G. (1993): Implizites Lernen von Regelhaftigkeiten. In: Sportpsychologie, 4, 11–18

Wulf, G. (1998): Bewusste Kontrolle stört Bewegungslernen. In: Spektrum der Wissenschaft, 4, 16-22

Wulf, G. und R. A. Schmidt (1994): Implizites Lernen motorischer Fertigkeiten. In: Krug, J. und H.-J. Minow (Hrsg.) Sportliche Leistung und Training. Academia Verlag, Sankt Augustin

Glossar

Abschlag
Erster Schlag auf der jeweiligen >*Spielbahn*. Der Ball darf in diesem Fall vom >*Tee* gespielt werden.

Bogey
Ein Schlag über >*Par*

Break
Seitliche Neigung des >*Grüns*, die eine Veränderung der Rollrichtung des Balles bewirkt.

Caddy
Träger der Golftasche. Darf den Spieler beraten.

Chip
Relativ kurzer, flacher Schlag auf das >*Grün*

Dimple
Einbuchtung auf der Oberfläche des Golfballs

Draw
Ballflugkurve nach links (bei Rechtshändern)

Driving Range
Übungseinrichtung zum Abschlagen von Bällen

Drive
Schlag mit dem Driver. Das ist der Schläger mit dem größten Kopf und dem längsten Schaft, mit dem die höchsten Weiten erzielt werden.

Eisen
Alle Golfschläger mit Ausnahme des Putters und der >*Hölzer.* Sie werden nach dem >*Loft* und der Schaftlänge numeriert.

Fairway
Teil der >*Spielbahn*, der kurz gemäht ist und somit günstige Bedingungen für den Schlag bietet

Flight
Gruppe von maximal vier Golfern, die gemeinsam spielen

Grün oder Green
Bereich um das >*Loch* oder Hole, in dem der Ball schließlich landen soll. Das Gras ist ganz kurz geschnitten und der Ball wird mit dem Putter gespielt.

Handicap
Vorgabe, die ein Spieler hat (Stammvorgabe) bzw. die er je nach dem Schwierigkeitsgrad auf einem Platz erhält. Sie errechnet sich aus den Ergebnissen, die in vorgabewirksamen Turnieren erzielt wurden.

Hölzer
Golfschläger für größere Schlagdistanzen. Waren früher aus geleimtem Holz gefertigt, daher der Name. Heute sind sie aus Metall (meist Titanium). Zum Unterschied von >*Eisen* haben sie einen Kopf mit Hohlraum.

Loch
Kreisrunde Öffnung mit 10,8 cm Durchmesser, in die der Ball gespielt wird. Wird im übertragenen Sinn auch zur Bezeichnung einer >*Spielbahn* verwendet.

Loft
Neigung des Schlägerblattes, um verschieden hohe Ballflüge zu erzielen.

Major-Titel
Siege bei sog. Major-Turnieren, den vier weltweit bedeutendsten Golfturnieren (vergleichbar den Grand Slam-Turnieren im Tennis)

Par
Anzahl der vorgesehenen Schläge je Spielbahn bzw. Golfplatz. Es gibt >*Spielbahnen* mit Par 3, Par 4 und Par 5.

Pitch
Hoher und relativ kurzer Schlag auf das >*Grün*

Pitching Wedge
>*Eisen* für hohe und relativ kurze Schläge

Pro
Steht für Professional, also in diesem Fall für einen berufsmäßigen Golfer. Der Begriff wird sowohl für professionelle Spieler als auch für Golflehrer verwendet. Die korrekte englische Bezeichnung für Golflehrer wäre allerdings teaching pro.

Putt
Schlag mit dem sog. Putter auf dem >*Grün*

Rough
Unbehandelter Teil des Golfplatzes

Ryder Cup
Golf-Vergleichskampf zwischen den USA und Europa, der alle zwei Jahre stattfindet

Sandwedge
>*Eisen* für Schläge aus dem Sandhindernis (Bunker) oder für kurze, hohe Schläge

Spielbahn
Gemähter Bereich zwischen >*Abschlag* und >*Grün*. Ein Golfplatz hat in der Regel 18 Spielbahnen mit unterschiedlichen Längen.

Sweetspot
Zone des Schlägerblattes, mit der der Ball getroffen werden soll

Tee
Vorrichtung, um den Ball in eine erhöhte Position zu bringen; besonders wichtig bei Schlägen mit den >*Hölzern.* Darf in der Regel nur am Abschlag verwendet werden.

Toppen
Treffen des Balles im oberen Teil

Vorgrün
Streifen um das >*Grün* mit etwas höherem Gras

Ein Mitglied der UniCredit Group | www.ba-ca.com
Bank Austria Creditanstalt
Die Bank zum Erfolg.
Was wären die großen Erfolge
ohne die kleinen?

Auch er dreht sich
um Ihr Leben.
Von selbst.
Reifen Weichberger
...und alles läuft besser
www.weichberger.at
Wien . NÖ . Graz . Feldkirchen/Kalsdorf . Deutschlandsberg . Griffen

NATUR-ERLEBNIS
ENZIANHOF
LIGIST - WESTSTEIERMARK
„Entdecken Sie hier die steirische Geschmacks-Sinfonie",
Alois Schützenhöfer, Psychologe, Autor und 35 Jahre Stammgast
Idealer Ausgangspunkt zu den 9 schönsten Golfplätzen ...
Tel.: +43 (0)31 43 / 21 06 ● info@enzianhof.at ● www.enzianhof.at